営業は武器がすべて

営業コンサルタント 福山敦士

誰でも結果が出せる82のアイテム

同文舘出版

はじめに

入社当初、僕はいわゆる〝ダメ営業〟でした。

課された目標はまったく達成できず、上司に詰められ、仕事は終わらず、会社の床で寝ることが日常。いつも顔にじゅうたんの痕がついていました。

社内の営業順位は毎回ビリ。足を引っ張ることばかり。体育会系出身で、元気だけが取り柄のはずでしたが、日に日に自信を失い、自分でも驚くほど声が小さくなっていき、背中が丸まり、身体が小さくなった気がしました。

休みの日も仕事に追われ、いつ電話が来るか怯え、緊張しすぎて、疲れているのに眠れない時期がありました。自分のミスで余計な仕事を増やしてしまい、お客様への謝罪が遅れてお叱りを受け、会社に帰ると上司や部下からも怒られて、自分の作業が溜まり、いつも体力と集中力がないまま0時過ぎまで仕事をしていました。

当時、扱っていた商品はＩＴの無形商材。商品の不具合もあり、正直、営業の責任じゃない事故もありましたが、顧客も少なく、新規開拓もできなかった僕は、とにかく謝り続け、何もできない自分自身が悔しくて、トイレでひとり涙を流していると、いつしか夜が明けて、渋谷のオフィスから日の出を見ることもありました。

そんな営業が「苦手だった」僕が、今では営業を「教える」仕事をしています。

ある秘訣を知ってから、僕の人生は大きく好転し、このような経歴を持ちました。

大手ＩＴ企業・グループ会社取締役営業本部長就任
独立起業後、事業売却・株式売却
20代で上場企業の取締役就任
営業本の出版で連続増刷
営業関連の新しい講座を立ち上げ、教育機関で授業化

僕は現在、営業支援の会社を経営しています。

日系大手企業、外資系企業の日本支社、有名スタートアップ企業など、名立たる

会社のビジネスの成功にコミットし、年々複雑になるＢｔｏＢセールス・マーケティングの成功事例をつくるべく日々精進しています。

アパレル、保育士、スタートアップ、人材、士業、ＭＲ、不動産、プロ野球選手など、さまざまな業界からやってきた自社のメンバーは、僕と同じようにある秘訣を知って、短期間で成果を上げています。

つまり、本書で紹介する秘訣とは、業界や職種・領域を問わない汎用性の高いメソッドであるということです。

その秘訣とは「営業は武器がすべて」ということです。

ひとつでも営業の武器を身につけ、営業で結果を出し続けられる自分へと進化し、「追われる」仕事とおさらばし、自ら「追いかける」仕事を創り出す、そんなビジネスパーソンを目指すあなたに、武器を伝授いたします。

YouTubeで受動的にビジネスノウハウが手に入る時代に、わざわざ本書を手に取ってくださったあなたを全力でサポートします。もう、営業で困らないように。

自分の未来を信じてページをめくっていただきたいと思います。

はじめに

1章 初回アポ・初対面に効く武器

2章 課題を聞くための武器

3章 本音を引き出すための武器

4章 商談時の武器

5章 クロージングの武器

6章 謝罪の武器

7章 再訪問するための武器

8章 オンライン商談の武器

9章
紹介をもらうための武器

10章
強い気持ちをキープするための武器

おわりに

カバーデザイン　ホリウチミホ(ニクスインク)
本文デザイン・DTP　草水 美鶴

1章

初回アポ・初対面に効く武器

コンテンツセールス

なぜ営業に武器が必要なのか

武器とは、戦略のひとつです。戦略とは戦いを略すための方法論です。**武器によって略せるのは「営業力を身につける」という努力の時間**です。もちろん、営業力を身につけるということが、本質的な施策であることは間違いありません。

しかし、本質的な営業力を養うには、相応の時間を要します。時間を要するのに、時代が変わるスピードが早いため、一歩間違えると浦島太郎になりかねません。

本書の目的は、営業の武器を身につけることで、**結果を出すまでの努力のプロセスをショートカットしよう**ということです。早期に結果を出すことで、大きな機会を得ることができます。それが成長飛躍の実現につながるからです。

オンライン商談が主流の現在、〝意味のやりとり〟はスムーズになったものの、〝感情の共有〟が難しくなりました。リアルの交流が減った影響で、思いがけない出会いが減りました。同時に、顧客接点を有料で提供する事業者、サービスが増えました。ゆえに、ビジネスにおける「新規の出会い」にそれ相応のコストを支払わないといけない時代になったということです。

用件なしに「近くに寄ったので」などと、再度時間をもらうことはもう難しいのです。これまでSNSをビジネスで利用しなかった方々も、オンラインコミュニケーションのチャネルを駆使せざるを得なくなりました。つまり、オンラインでのコンテンツセールスの必然性が高まったのです。

「コンテンツセールス」とは、コンテンツマーケティングと同様、**潜在顧客を顕在顧客化するために、情報提供で関係をつくり続け、顧客開拓を実現するための一連のマーケティング手法**です。顧客にとって有益な情報（コンテンツ）を提供することで、見込み客を獲得・育成し、成約につなげることができます。これを企業ではなく、個人の営業マン単位で行なうことがコンテンツセールスの考え方です。

いつの時代も、営業の本質はコミュニケーションです。**「聞く・話す・書く・読む」、基本動作はこの4つ**です。これまでは「対面営業力＝コミュニケーション能力」という共通の理解がありましたが、今や過去の話です。

2020年以降、オンラインでのコミュニケーションが急速に普及し、地域性・世代性はあるものの、オンライン商談も確実にビジネスマナーとして定着しました。同時に、**テキストコンテンツや動画の活用など、オンラインコンテンツが整備されているか否かが勝負の分かれ目**となります。

オンラインコンテンツは、通常「1対n」の構造で、個別のきめ細やかなコミュニケーションには不向きでした。ところが、データやツールを活用することで「1to1」の顧客ごとにコンテンツを用意することが可能となりました。特にBtoBでの営業はBtoCに比べ、デジタル化に遅れがあるので、変化の今こそチャンスです。

時代の進化スピードに対応するためには、もはや企業単位での意思決定では間に合わず、**営業現場の裁量は、個人の判断に委ねられるようになります。**つまり、個人のSNSアカウントなども営業の武器として機能し、コンテンツセールスを実現させるために、欠かせない要素となります。

コンテンツを起点に行なう営業活動は、従来のセールスよりもはるかに効率的・生産的です。まさに、コンテンツを自らつくり出すというスキルセットも求められます。しかし、つくったコンテンツは再利用可能な自分の資産となります。

自己紹介URL

言葉の力を最大限に発揮させる

初回アポを獲るために、自分を武器化する方法のひとつが「自己紹介URL」です。自己紹介URLとは、自分の情報が掲載されているウェブページのことです。前項でもお伝えしたように、必ずしも立派なものをつくる必要はなく、あらかじめ用意しておくことが大切なのです。

ベストなのは、**自分のことを理解してもらいつつ、アポイントにつながる情報提供が可能なウェブサイト**を用意することです。あるいは、ウェブページでなくとも、Twitter や Facebook、Instagram などのSNSを活用してもいいでしょう。

個人的にオススメなのはブログです。アメーバブログのような無料サービスや、最近であれば note などのサービスも活用できます。自分が使いやすいと思うものを選んで利用してみましょう。

文字で書くことは、自分自身や考えを外に示すものとして、非常に有効です。イメージを伝えるには、画像や動画も活用できますが、**考え方を伝えるのにはやはり言葉が最適**です。テキストの数で伝えていくのがポイントとなります。

ＢtoＣの場合は、Instagram などでイメージを伝えていくのが効果的なことも多いです。たとえば美容師ならば、Instagram アカウントを活用し、髪型の写真を紹介しているケースが散見されます。まさに、顧客が望む情報を提示しているのでしょう。

一方でＢtoＢでは、多くの場合、考え方や数字を情報として提示することが多いです。ただ数字を出す場合、クライアントの許可を得る必要がありますし、他の要因との関連にも留意しなければなりません。

そうしたことを踏まえて、「この人にお願いしても大丈夫か」「この人と会ってメリットがあるか」を示すには、考え方や出せる範囲での事例をテキストで提供するのがベターです。

自己紹介URLの内容について、2つの考え方があります。ひとつは**「ビジョン、理念などの未来型」**、もうひとつは**「経歴、実績などの過去型」**です。

たとえば僕の場合、新卒時代は未来型一辺倒で、どんな世界をつくりたいかを中心に自己紹介URLをつくっていました。独立後は、過去の実績を中心につくっています。

自分の立ち位置や、相手によって知って欲しい情報は未来型か過去型か、変わる場合もあります。2つ用意しておくのも備えになるでしょう。

■著者ホームページの例

経歴に自信がなくとも理念などは示せる
理念
勇気を与える存在である
VISION
日本発世界水準
MISSION
学問をつくる
PROFILE
ふくやまあつし（福山敦士）
作家/講師/経営者
新卒でサイバーエージェントに入社。1年目からグループ会社（株式会社CA Beat）の起ち上げに参画。本社への事業譲渡後、25歳でグループ会社（株式会社シロク）の取締役営業本部長に就任。27歳で独立起業、株式会社レーザービーム創業。複数事業を立ち上げ3度のM&A（売却）を実行。東証一部上場企業の株式会社ショーケースへのM&A時、同社執行役員、30歳で取締役COOに就任。PMI、組織改革、採用育成、人事制度再設計、企業買収、新規事業開発などに従事。2020年、ギグセールス株式会社にM&Aにて参画、取締役就任。「学問をつくる」活動の一環として慶應義塾高校始め、各種教育機関にて講座開発を務める。学生時代は野球ひと筋16年。高校時代は甲子園ベスト8。著書多数。累計10万部超。二児のパパ。ベストセラー作家を目指す。IPOを目指す。学問をつくる。
写真は各SNSと揃えるとよい

Facebook ビジネス活用の3つのコツ

SNSは無料の広告媒体です。その昔、SNSまたはインターネットがなかった時代は、自社の商品を多くの人に知ってもらう手段は限られていました。テクノロジーの民主化によって、情報の受発信を個人レベルでできるようになった今、積極活用する者は情報を得られ、活用しない者は得られない、そんな時代になりました。

そして、Facebookをはじめとする SNSの活用は、初回アポやアプローチを促してくれます。ただし、使い方には注意が必要です。注意点としては次の3つが挙げられます。

ひとつ目は**「血を通わせる」**ということです。Facebookを使っている人の中には、「しばらく放置していました」「更新が滞っていました」などと投稿している人がいます。しかしそれは単なる言い訳でしかなく、きちんと発信を続けて血を通わせることが、Facebookをはじめとする SNS活用の基本です。

普段から定期的に情報発信するのはもちろん、他人の投稿に対して「いいね！」などの反応をするなど、血を通わせる努力にはさまざまなものがあります。**発信も反応もしなければ、自分の存在を知ってもらうきっかけがつくれません。**

また、自分が何か宣伝したいときだけ利用している人もいますが、それでは「この人は売りたいだけだな」という印象が強くなってしまいます。つまりアカウントが「冷たいもの」になってしまうのです。

そうならないよう、**ユーザー向けコンテンツを8割、宣伝を2割**にするなど、ソーシャルメディアならではの**人間味を大切に**してください。投稿できない場合は、誰かの投稿に反応するだけでも構いません。

2つ目のポイントは**「関係各所への配慮」**です。SNSでつながった人の中には、お互いが競合関係にあるというケースもあります。あるいは、同じ会社でも派閥などがあるかもしれません。そのような関係性を考慮したうえで、発信内容に気をつけることが大事です。

誰かをひいきすれば、何かを失う恐れがあります。また、プライベートで楽しんでいる状況を発信しすぎた結果、敵をつくってしまうこともあるでしょう。

差別的発言なども同様です。「子どもができました」などの投稿も、見る人によって受け取り方が異なります。そのような点を理解したうえで、投稿するようにしてください。

3つ目は**「『いいね!』を押してくれた人にすぐ連絡を取る」**という方法です。たとえば僕の場合、「こんな商品を出しました」などの投稿をしたとき、「いいね!」を押してくれた人にすぐ連絡をします。それだけでFacebook経由で月に40件以上のアポイントが獲れたこともあります。

「いいね!」を押してくれるのは、興味を持っていることの証です。その相手に対して連絡することは失礼ではなく、むしろ導入の説明の手間が省けます。『いいね!』ありがとうございます」「詳細を説明させてください」などと伝えるだけでもいいのです。

このように「いいね！」やコメントをしてくれた人にアプローチすることは、Facebookのビジネス利用として、本質的なものと言えるでしょう。

Twitter

BtoCでの活用が得意

SNSの中でもTwitterは、**自分もしくは自分のサービスについてつぶやいている人に対し、「いいね」を押すのがベターな使い方**となります。

僕はときどき、自分に関連する物事を調べる「エゴサーチ」をするのですが、自分の名前や著書のタイトルでつぶやいている人がいれば、ひたすら「いいね」を押しています。そこから『いいね』ありがとうございます」などの連絡をもらうことも少なくありません。

それが必ずしもビジネスにつながるとは限りませんが、Facebookとは異なる使い方をすることで、Twitterならではの活用が可能となります。

特にTwitterは、ユーザーの投稿頻度が高いという特徴があります。しかも、過去のつぶやきや投稿も容易にチェックできるため、「いいね」を押したり、リツイートした後にＤＭを送付すれば、アポイントが獲りやすいのです。

一方で、**まったく「いいね」やリツイートをしていないのにもかかわらず、「突然失礼します」などとＤＭを送るのは、相手に無視されやすい状況を与えてしまいます。**しかもそのようなメッセージの大半は、テンプレートを使っています。

このように、ＤＭの送り方から「大量に送付しているんだろう」と思われてしまうと、無視される確率が上がります。それはもったいないので、本当に出会いたい人がいたら、「いいね」やリツイートをしてからＤＭを送るようにしましょう。

ただし、Facebookと比べて、TwitterはＢ ｔｏ Ｃでの活用が主流となります。そのため、個人に受けやすい個性的な投稿をすると、「いいね」やリツイートがされやすいです。共感を得るために、そうした点も考慮するといいでしょう。

しかし、誰かを敵にまわすような投稿は、リスクがあるので注意してください。

商品ページ

ウェブ活用の最初の一歩

自分と営業を受ける相手とは「伝言ゲーム」です。

かつてそれは「商品資料」で行なわれていましたが、今は「商品ページ（URL）」となりました。当該URLが回覧され、それによって営業が決まるのです。商談時にあなたが何を語ったかではなく、商品ページが相手に何を語るのかで決まるのです。ゆえに、メンテナンスが重要になってきます。

さらに昨今では、リモートで営業活動を行なうシーンも増えています。そうなると、あらかじめウェブ上に商品ページやランディングページを用意して、**必要な情報を先に提供しておく**ことが、営業力を高めることに直結します。

しかし、一からコンテンツを作成する必要はありません。まずは基本的に、**これまでの紙の商品紹介資料をそのままウェブに載せる**だけで構いません。

ただし、紙の商品紹介とウェブページの商品紹介では、詰め込むべき情報量が違います。

紙の紹介資料であれば、さまざまなフォントの文字を入れ、細かく説明しても読んでもらえます。なぜなら紙の「反射光」で目に入る文字には、人間の脳は「分析」モードになるからです。

それに対して**ウェブページの画面は「透過光」であるため、脳は「パターン認識」モードになるので、文字の情報量はなるべく抑えておかないとわかりづらい**印象を与えてしまいます。ですから、提供する文字情報は絞るようにしましょう。

ウェブで商品ページをきちんとつくっておくと、商品紹介資料を持ち歩かなくても、先にURLを送付してオンライン商談につなげることができます。また対面で会ったときも、そのページを見てもらいながら話すことができるでしょう。

上位の決裁権者ほど忙しいものです。お互いに時間を有効活用するためにも、ウェブの商品ページを活用しましょう。

ホワイトペーパー

見込み客を分析できるツール

ホワイトペーパーとは「白書」のことです。

白書といってもまっさらな紙を指すのではなく、一般的に、政府や組織の公開する報告書の通称をホワイトペーパーと呼びます。日本では戦後、政府の発行する年次の報告書（課題と現状、研究調査）をホワイトペーパーと言うようになりました。

ホワイトペーパーは、ＢｔｏＢマーケティングにおいて、新規開拓にも追客にも活用可能です。

ホワイトペーパーは、見込み客の課題を解決するために役立つ情報を提供し、その後、その手段として自社製品やサービスの特徴やメリットを伝えたり、提案を行

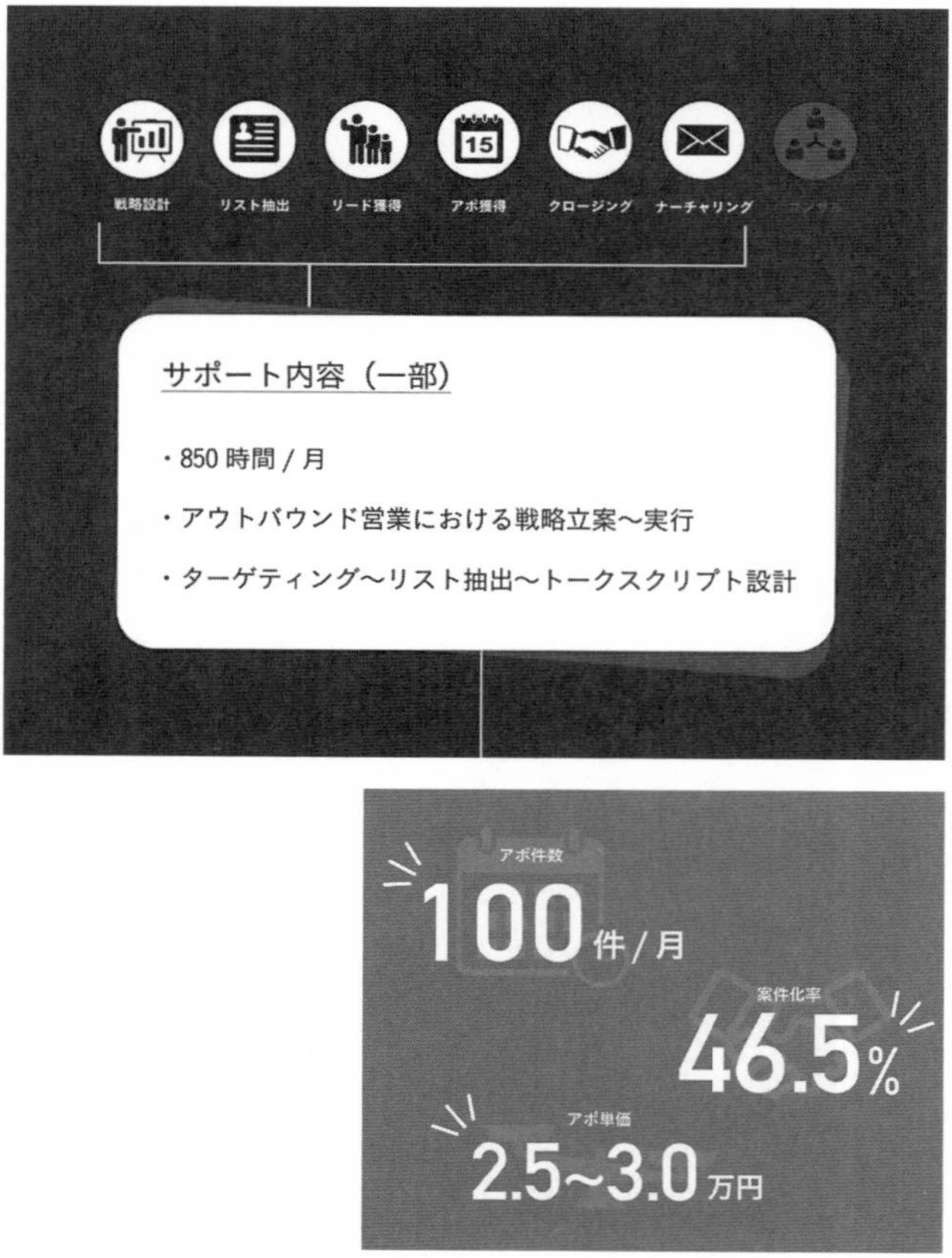

画像提供：ギグセールス株式会社

■わかりやすいホワイトペーパーの例

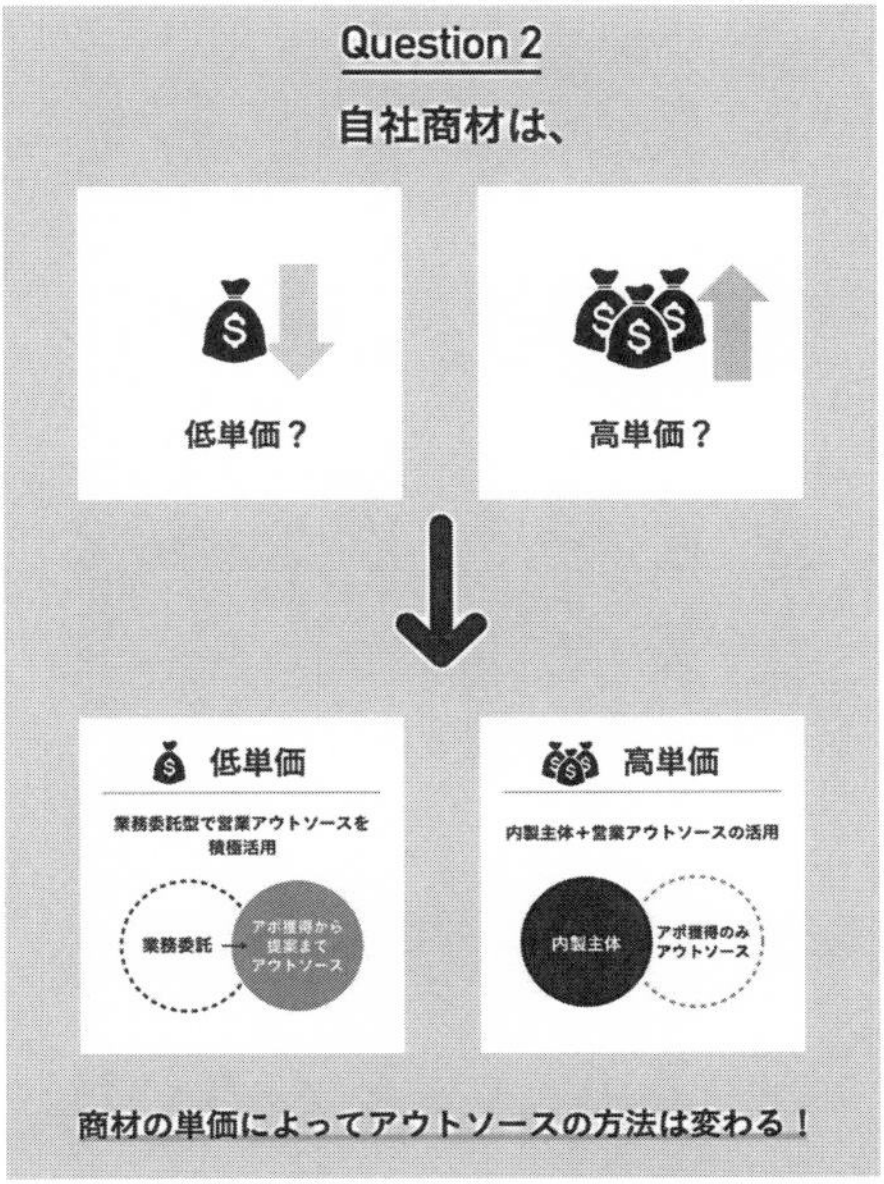

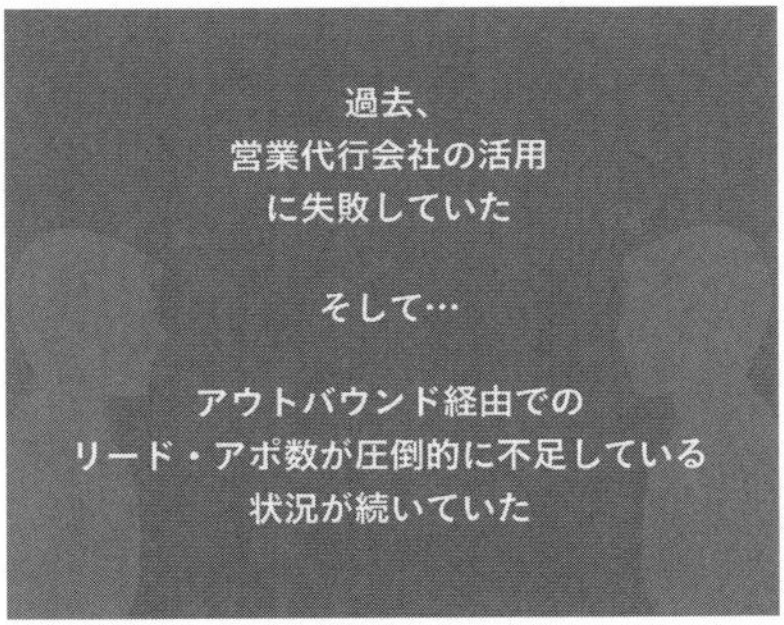

なうという構成が一般的です。

ホワイトペーパーを制作することで、**商品・サービスに関する問い合わせの獲得や、その後のマーケティングに役立つ情報の獲得につながる**ということで、今では多くの企業がホワイトペーパーを作成しています。

顧客情報を獲得できるホワイトペーパーのダウンロードの際には、メールアドレスや会社名、氏名等の顧客情報を登録してもらいましょう。ダウンロードするコンテンツの内容と組み合わせて分析することにより、見込み客の潜在ニーズを探ることができます。例えば、「営業支援」のホワイトペーパーであっても、「はじめ方」と「拡大手法」などテーマを分ければ、前者をダウンロードした人は初心者、後者は運用者など推測できます。

見込み客が何に興味を持っているのか、何を期待しているのか、商談のヒントになる情報を獲得することができます。既存顧客の声、新規商談にいただいた懸念事項などを取りまとめ、その都度内容を追加、編集すると、自社の営業の武器資産として活用できます。

フォームマーケティング

オンラインで完結する新規開拓法

フォームマーケティングとは、アウトバウンド型のリード（見込み客）獲得手法のひとつです。

企業ホームページの「問い合せフォーム」を活用します。コロナ禍において、オフライン型のアウトバウンド施策を縮小せざるを得ない状況ですが、フォームマーケティングはオンライン上で完結するため、注目を集めています。

２０００年代前半（インターネット黎明期）、メルマガ広告が画期的な手法だった時代、サイバーエージェントもメルマガの件名を広告枠として販売していた時代がありました。メールで狙った顧客層に広告が打てることが画期的で人気でしたが、広告主が殺到し、メルマガ広告だらけになった時期がありました。その後、どうなったでしょうか？

多くの広告主は「効果がなくなった」といって離脱しました。一方、効果を出し続け、今でもメルマガ広告を続けている企業は存在します。この差は何でしょう。答えは運用力です。デジタルマーケティングの肝は運用改善でしかありません。旧来型のやりっぱなし施策では、刈り取るだけの施策となってしまい、市場全体にも傷をつけ、まわりまわって自分たちの首を締めることになります。

フォームマーケティングで一番重要なのは、**セールスファネルの設計**です。いきなり購買につなげようとせず、ＫＰＩをＵＲＬのクリック率、資料ダウンロード数にするなどし、**見込み客に適切なステップを踏んでもらう**ことが重要です。問い合せフォームから連絡がくること自体、ＢｔｏＢ企業からするとうれしいことですが、文言のつくり方なども気をつける必要があります。

おススメはLEADPAD（株式会社Rockets https://leadpad.io/）です。僕の会社でも使っています。フォームマーケティングの一般的な機能に加え、ファネル管理、リスト抽出機能もついています。送信テキストの内容をコンサルティングしてもらうこともできるため、初めての取り組みでも安心です。

スケジュールアプリ

相手のスケジュールに3回名前を刻む

スケジュール管理については、アナログのスケジュール帳を使うのではなく、「Googleスケジュール」などのアプリを活用するのがオススメです。その理由は、どこにいても、その場でアポイントが決まりやすいからです。

アポイントは、接点を持ったときが一番の勝負所です。「来週オフィスに行ってもいいですか？」「改めて紹介の時間をもらってもいいですか？」などと、その場で日時を押さえてもらうことが大切です。

もし、手元に手帳やスケジュール帳がなくて日程を押さえられないと、チャンスを逃すことになります。一方で、スマートフォンであればいつでも携帯しているため、すぐにアプリを開くことができます。

営業活動をしていると、思わぬところでスケジュールを確認しなければならないときがあります。たとえば会食時など、手元にカバンがないときもあります。「後で連絡すればいいのでは」と思う人もいるかもしれませんが、後で連絡するのと、その場で日程を押さえるのとでは、大きな差があります。**特に経営者ほど時間を大事にするため、後で連絡しても状況が変わっているケースが多い**のです。

その場では盛り上がったとしても、きちんとアポイントに落としていなければ、話は前に進みません。

成約につながる面談は「3回会う」のが目安となります。初回で決まるケースはほとんどなく、タイミングを大切にした3回ぐらいを目安にするのです。

3回会うようにできればお互いに顔と名前がインプットされ、信頼も醸成されていきます。トップセールスほど、同じ人に何度も会うことを大切にしているものです。「会う」は必ずしもリアルとは限りません。アポイント前のメールや電話でもインプレッションをつくれます。**相手のスケジュールに3回名前を刻む**ということを心がけましょう。

挨拶のテンプレート化と辞書登録

営業はスピードが命

メールやメッセージなどで初回アポを獲る場合は、挨拶文のテンプレートなどを「辞書登録」しておくといいでしょう。

特にパソコンやスマートフォンでアポイントを獲る場合は、メールやメッセージアプリが主戦場となります。ひとりに送れば1件アポイントが獲れるほど甘くはありません。つながりがある相手でも、１００％アポを獲るのは難しいのです。

そこで、問われるのが**スピード**です。メッセージを送るたびに文面を入力していては、時間も労力もかかってしまいます。そこで、挨拶文のテンプレートを用意して、タイピングを最小限にすれば、より重要なところに時間を使うことができます。

よくあるのは、「お世話になっております」「よろしくお願いいたします」「下記の日程でご都合いかがでしょうか?」などの文面です。これらについては、いちいち入力するのではなく、辞書登録しておきましょう。

初回アポの獲得は確率論だからこそ、分母を増やす努力によって差がつきます。そのための具体的な工夫として、省力化、時短のために辞書登録を活用しましょう。

テンプレートをつくる際は、名前を間違って書いてしまわないよう、**文中に氏名や会社名は入れない**ようにしましょう。

「お久しぶりです」「お話をお伺いさせてください」「新しい商品を紹介させてください」「近況報告させてください」などの文面は、アポイントを獲る際によく使うので、辞書登録しておいてもいいかと思います。

また、シンプルに営業したいケースと、情報交換をしたいケースによって文面は変わってくるので、僕の場合は、Evernoteにいくつかのテンプレートを用意しています。そうすれば、毎回オリジナルの文章を書かなくて済みます。

本当に時間と労力をかけるべきなのは、実際に会話をするときです。人間が1日に使える脳のシナプス量は決まっていると言われています。文章を考えたり、決断したりするところに時間をかけないよう自動化しておきましょう。

ABM

顧客接点を効率化せよ

さまざまなビジネスモデルがサブスクリプション型に移行し、1顧客あたりの収益額を、サービス提供後から高めていく必要が出てきました。BtoBにおける売り切りモデルでは、永遠に新規顧客接点を創出し続けなければならず、ビジネスの持続可能性の観点から少なくなりつつあります。**多くの企業が、顧客とのより長期的な関係性を構築するために試行錯誤しています。**

サブスクリプションビジネスにおいて継続率は生命線です。顧客との長期的な関係性を重要視する流れはSaaS（ソフトウェアのクラウドサービス）系企業に多いですが、歴史のある企業でも、サブスクリプション型のビジネスへ移行しており、Life Time Value (LTV) という指標を最も重要な経営指標にする企業も増えています。そんな時代の流れもあり、セールスプロセスも細分化されています。

ＡＢＭ（アカウント・ベースド・マーケティング）とは、文字通りアカウント（顧客）を特定してアプローチすることです。自社にとっての最適な顧客を定義し、その要素を仮説として設定し、類似の企業群を拡張することで実現します。例えば、資本金、売上高の増減、従業員数の増減、オフィス移転、業務提携などの情報から、次の起こり得る課題を仮説で立てることができます。旧来は御用聞き営業が、このあたりの情報を耳にして、アプローチ先を選定していましたが、今は公開情報を元にターゲティングすることが可能です。

ＢｔｏＢセールスの競争激化によって、顕在顧客の反響を待つだけでなく、ＡＢＭ手法に基づいたアウトバウンドアプローチの重要性が増しています。**顧客接点を効率化し、適切な意思決定者に対して適切なタイミングで提案を行なう**ということをしなければいけない時代になっています。

無論、顧客によって状況が異なり、提案のカスタマイズは不可欠です。しかし、接点創出はある程度パターン化することが可能です。接点創出と提案のカスタマイズが曖昧になると危険です。自社にとって適切なお客様像は、微妙に変わり続けます。この検証もまた、一定の接点創出が実現されて初めて検証ができます。

接点創出自体を、営業メンバーの属人性に任せ続けると、自社のマーケティング活動にムラができてしまい、本当によい顧客を競合に取られてしまうということも起こりかねません。

このABMを行なうツールの代表例が「FORCAS」です。運営元の株式会社ユーザベースは「SPEEDA」という企業情報データベースを運営している会社です。企業情報を150万社以上保有しており、現在もその数が増え、情報精度も高まっています（経済情報プラットフォーム「SPEEDA」https://jp.ub-speeda.com/）。

営業代行会社

必要なプロセスだけを効率よく依頼する

効率よく確実に初回アポを獲得していくには、「営業代行会社」を武器として活用するのもいいでしょう。

営業代行会社は、日本国内だけでも８０００社近くあると言われています。その規模は大小さまざまですし、各営業代行会社によって得意不得意があるため、それらの点を見極めながら活用することが大切です。

ただし、どの会社がどのような分野を得意としているのかは、簡単に見極められない場合もあるので、担当者に得意領域や具体事例などを聞きましょう。

企業によっては、もともと営業が苦手であったり、営業社員を抱えることができなかったりなどの事情があるかと思います。あるいは、営業活動のどこに課題があるのかつかめていない場合もあるでしょう。

そのような場合には、営業代行会社に相談し、課題の抽出と業務の切り出しをオススメします。

営業代行には、**「戦略設計」「リスト選定」「アポイント獲得」「クロージング代行」「ナーチャリング（顧客育成）代行」**など、セールスプロセスの各段階を担うさまざまなサービスがあります。

提供する商品やサービスが洗練されていると、第3者でもクロージングしやすいのですが、そうでない場合もアポイント獲得などの初期段階を担ってくれる業者もたくさんあります。営業マンを雇うより、コストがかからないメリットもあります。

たとえば年収６００万円の営業マンをひとり雇うだけでも、人材紹介会社へのフィーだけで１００万円以上かかりますし、社会保険や年金、諸経費、オフィス代、育成コストなども考慮すると、１０００万円くらいかかってしまいます。

そう考えると、必要な作業を切り出して営業代行会社に任せてしまったほうが、結果が出るまでのスピードも、トータルコストも、望ましいものとなるでしょう。

営業バーター

パートナーサクセスを実現する

営業マン同士で顧客を紹介し合う「営業バーター」は、**決裁権者に直接アプローチしたい場合に効果的な手法**です。

そもそも営業マンがアポイントを獲りたいと思う相手は、「とにかく誰でも」というわけではありません。予算を管理していたり、決裁権限があったりする人のはずです。

そのような人にアプローチすることが、成約に直結するためです。

そうした決裁権者とのつながりで考えると、社内の一般社員より、取引関係にある営業マンのほうが近いということがよくあります。

たとえば、A社の決裁権者にアプローチしたいと考えた場合、A社の一般社員ではなく、A社と営業取引のあるB社の営業マンから紹介を受けたほうが、結果につながる場合が多いのです。

A社と営業取引があるということは、ある意味において、B社の営業マンが予算を握っていると言っても過言ではありません。営業マンの提案によって、A社の決裁権者が判断し、予算の使われ方が変わる可能性があるからです。

そこで、A社の決裁権者にアプローチする場合は、B社の営業マンに紹介してもらうこと。そしてその際には、こちらからもB社の営業マンに取引相手を紹介します。それが、営業バーターの基本です。

このような仕組みからも明らかなように、営業バーターは、**相手の信頼を一時的に借りて新規のアポイントに活用する**ものです。あるいは、信頼によって獲得した人脈の応用と言ってもいいでしょう。

たとえば僕の場合、スタートアップで資金調達を考えていたとき、投資会社とのつながりを模索していました。一方で不動産業を経営しているCさんは、税金対策などで企業経営者と出会いたがっています。このように、お互いの利害が一致するところに営業バーターの余地があります。

僕が企業経営者の仲間を紹介しつつ、Cさんからは金融系の人材やベンチャーキャピタルなどを紹介してもらう。

このように、お互いの顧客リストを交換し合えば、決裁権者にアプローチしやすくなるのです。

ただし、営業バーターを行なう場合には、紹介してもらう相手について事前に調査するなど、お互いの人脈や信頼を損なわないように注意しましょう。

近年は「パートナーサクセス」という表現もされており、単純な顧客紹介だけでなく、相互のビジネスの成功を念頭に置いたコミュニケーションが求められています。

チラシ

逆算した情報を入れて効果アップ

これまでの営業活動は、対面でのアポイントを獲ることからスタートするのが主流でした。そのため、「人脈」や「人柄」が重視されてきました。しかし現在は、**対面アポが営業プロセスの最後の場面になり、その前段階で内容を詰めておくことが不可欠**となっています。

ですから、ＩＴ系のビジネスマンやデジタルネイティブな人たちからは古い手法だと思われている「チラシ」や「ＤＭ（ダイレクトメール）」なども、使い方によっては非常に効果的なものとなります。

むしろこれからは、このようなアナログツールの威力もきちんと理解し、上手に活用することが求められます。ウェブマーケティングばかり頑張っても、すでに競争の厳しいレッドオーシャンになっていることもあり、他社と差別化することはなかなかできません。

チラシやDM、郵送物の強みは、**決裁者のデスクに届く可能性がある**ということです。それらに自分の名刺を挟み、自己紹介資料なども合わせて送付すれば、相手側も誰に連絡をすればいいのかわかるので便利です。

もちろん、100人に配って100人から連絡が来るわけはありません。しかし、古いからといってチラシのようなツールを使っていないか、また使っていたとしても昔から形式を変えず、自己紹介資料などを入れていないのであれば、ぜひやってみるべきです。

また、不動産業界などでよく使われる手法として、**「本音と建前」**があります。これは、**アポイントを得るためにお得な情報を提示しつつ、本当のことは対面できちんと説明する**というものです。

最初から何でも正直に情報を開示していると、それ以上興味を示してもらえず、アポイントにつながりません。価格や品質など、際立った情報をまず明確に提示することで、アポイントは得やすくなります。そのような見せ方の工夫も大切です。

加えて、**クーポン券**をつけるなど、背中を押す施策も有効です。展示会などでチラシを配るのであれば、「このチラシを提示していただければ初回注文が20％割引になります」などでもいいでしょう。

相手がどうしたら興味を持ってくれるのかを考え、**逆算したチラシのデザイン、渡し方、情報の入れ方**を工夫するようにしましょう。

■営業資料（インフォグラフィックス）

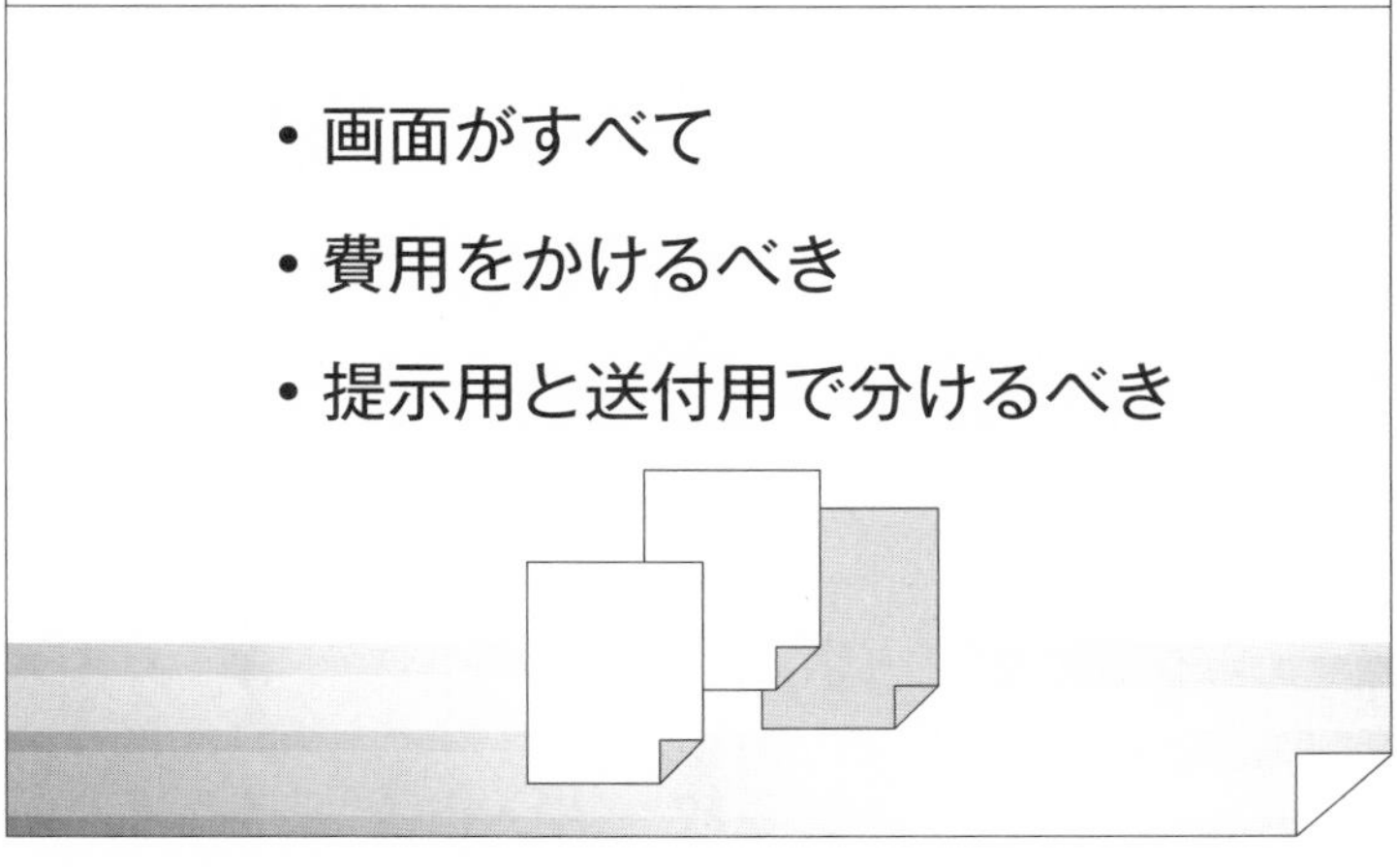
・画面がすべて
・費用をかけるべき
・提示用と送付用で分けるべき

DM・郵送物

いかに開封してもらうかがカギ

チラシとは異なり、特定した相手に送付することで活用できるのが「DM（ダイレクトメール）」です。DMの場合、**送付する相手が明確なため、ターゲットを絞り込める**のが強みです。

DMを活用する際に重要なのは、**「相手の名前を明記する」**ことです。よくある「ご担当者様へ」などと記すだけでは、届けたい相手にきちんと届けられません。

DMは、チラシのようにポストに投函したり、展示会で渡したりするものではなく、郵送するのが基本です。そのため、担当者の名前を調べて送る必要があります。

担当者がわからない場合は、商品やサービスの責任者を調べましょう。重要なのは、**送付する相手を明確にして、相手のデスクに届くよう工夫する**ことです。

僕自身、新卒時代、独立後、そして今の会社でも、ＤＭで一定の成果を出しています。また、手紙＋電話（ｏｒメール）の合わせ技もオススメです。

「郷に入っては郷に従え」という言葉もあるように、郵送、メール、電話、対面など、業界に応じて使い分けることが大切です。また、同じ業界の人でも年齢や役職によって使うものが違う場合もあります。

また、**ＤＭの宛名は、やはり手書きがベスト**です。記入する時間が取れない場合は、手書きに見えるフォントを選ぶようにしましょう。手書きに見えたほうが、開封率が高くなると言われているからです。

受け取る相手の立場で考えてみましょう。手書きのものと、送付用のシールが貼ってあるものとでは、印象が大きく異なります。たくさんの人に一斉送付していることがわかれば、開封してくれないか、後まわしにしてしまいます。

一方、手書きで名前が書いてあると、「開けてみようかな」という気持ちになりやすくなるのです。

中身の工夫としては、返信用封筒を入れるのではなく、**連絡先である電話番号やメールアドレス、ＱＲコードをわかりやすく明記**し、どのような手段で連絡してほしいかを示すことです。できるだけ、相手の負担を軽くするようにしましょう。

オンライン交流会

参加し続けて結果が出る

ビジネスはすべてマッチングによって成立します。困っている人と助けてほしい人とのマッチングです。**その時々で適切なパートナーとの出会いを創出できると、事業自体も人としても連続的な成長が実現できます。**ただし、いつも適切なビジネスパートナーと出会えるとは限りません。自社や他社、市場環境が変わり続けるからです。企業活動は複数の業務が絡み合って成立しているため、この会社は「困っている・困っていない」だけでは判断できません。そして、**成長企業は常に何かが足りません。**常に改善策、改良策を求めています。「発注意思がない」という場合も、「予算がない」という課題と隣り合わせです。

コロナ禍において、新規の出会いを確保することが困難になりました。

SNSで直接アプローチできる時代とはいえ、いきなり連絡が来ると構えてしまうのも事実です。僕自身もSNSでの直接アプローチを必要に応じて行ないますが、入念な準備とタイミングを見極めたうえで行ないます。対面アポと違い、情報武装をしたうえでの出会いとなるため、ハードルは上がっている印象です。

そんな状況下で新規の出会いを創出するのにオススメなのがビジネス交流会です。交流会というと、「参加したことがあるけど意味がなかった」という失敗体験を持たれている方が多いかもしれません。しかし、一方で交流会をうまく使いこなし、事業成長と人脈開拓を同時に成功させている人がいるのも事実です。僕自身、ビジネス交流会を活用することで効率的に顧客数を増やすことができました。今はオンラインでのビジネス交流会も活発に行なわれています。

ビジネス交流会で新規開拓を成立させ続けるポイントは、**「参加し続けること」**です。1、2回参加しただけで「意味がない」というのは、検証には早すぎます。

出会う会社がすべて顕在顧客なわけではないからです。

そもそもビジネスマッチングとは確率論です。母数を増やさない限り、検証はできません。もちろん、検証というからには期間は定めるべきです。しかし、新規開拓の観点では、母数を増やし続けること以外には成果は得られません。

交流会は、会社と出会っているのではなく、本質的には人との出会いです。**出会った人が、数年後、違う会社に転職し、重役に就いているということも起こります。**また、その日話したくらいで、自社のサービスのことを100％理解されることはありませんし、自分も相手の会社のことを100％理解できているわけではありません。**事業フェーズが進行する中で、点と点がつながるタイミングが訪れます。**

個人的にオススメのマッチングサービスは、「オンリーストーリー」(https://only-story.jp/meetup/) です。決裁者マッチングプラットフォームでありつつ、ギバー精神を持っているか否かという軸で審査をされており、一定のビジネス規模もあわせ持った健全な環境にあります。

家族からの紹介

身近な人から助けるという心理

業種にもよりますが、**まずは身近な人からアプローチする**のもひとつの方法です。具体的には、家族や身内から紹介を受けるのです。

営業というと、「何かを売りつける行為」という印象を持っている人もいるでしょう。そのようなイメージから「営業マンは相手からお金を奪う」という誤解につながっているのも事実です。

しかし、**そもそも営業活動というのは、「お客様を勝たせる」、または、「お客様を助ける」**ためにあります。ですから営業マンは、提供する商品やサービスによってお客様のビジネスを有利にし、お客様を儲けさせるヒーローのような存在です。

つまり営業マンとの出会いは、成功に近づくチャンスを得ることに他なりません。

どうしても「営業＝押し売り」の価値観が根強く、「営業マンお断り」になってしまう人もいるのですが、本来的には営業は人を助ける仕事です。

そう考えると、家族を助けることから営業活動をスタートしてもいいはずです。家族に自信を持って話せないサービスは売ってはいけません。説明する手間を面倒がるようでは、あなたのプレゼン力は一生高まりません。何を言われても、「自分は人を助けるためにしているんだ」と言えれば、遠慮する理由はありません。

家族や身内が必要としていないのであれば、そのような人たちから紹介を受けてアプローチしていくことも営業活動の基本と言えるでしょう。

実際に、保険業界ではそのようなやり方が鉄板です。個人情報にもかかわることなので、すでに信頼があるところからスタートします。ＢｔｏＢでも同様で、わざわざ遠いところから行くのではなく、まずは近いところから当たってみましょう。

遠いところに行き、知らない人と仕事をするのが営業だと思っている人もいますが、むしろ家族や身近な人だからこそ裏切らないという姿勢が、自分自身に対する宣言にもなるのです。

2章

課題を聞くための武器

Evernote

いつでもどこでもアクセスできる！

ヒアリング時に活用したいのが、メモアプリの「Evernote」です。有料版もありますが、基本的には無料で使えるツールです。

Evernoteの特徴は、テキストから写真まで、瞬時に記録できるところにあります。白紙のノートのように、手書きでメモを残すこともできるため、とても使い勝手がいいです。上司や同僚との同期や共有にも対応しています。

Evernoteを使用する最大の意義は、**「メモのデジタル化」**にあります。**テキストも手書きも、あるいは写真などもデジタルデータにしておけば、保管しつつ、後で検索することができます。**

それらの資料をアナログのまま保管していると、どこに何があるのかわからず、後で見つけるのに苦労します。きちんと分類しておけばいいのですが、それに時間と手間をかけるなら、Evernoteを活用したほうが効率的です。

相手と対面しているときも、「あのとき、○○とおっしゃっていましたね」「当時はこういう課題がありましたね」などと、**これまでの過程を振り返りながら商談を前に進める**ことができます。そのときの内容を忘れてしまっても問題ありません。

提案書をつくるときにも、過去に蓄積した資料が役に立ちます。用意した資料だけでなく、会食や立ち話でメモをした内容も提案書に盛り込めば、より納得してもらいやすくなるでしょう。

僕の場合、スマートフォンのアプリでメモを取っておき、後からパソコンで見返します。保存したものをデバイス間で同期できるため、非常に便利です。オンラインでアクセスすれば、場所も問いません。

大きな商談ほど、時間をかけながら回数を重ねていくものです。たとえ期間が空いていたとしても、常に前回の情報を振り返りながら次に臨めば、ヒアリング力は自然と高まるでしょう。

白紙のノート

その場でお互いの認識を共有する

ヒアリングや説明をする際に、ホワイトボードを使う人は多いかと思います。ホワイトボードがあれば、**お客様と同じ情報やデータを見ながら、文字や図を使って対話ができる**ので便利です。課題の特定や共有もしやすくなります。

ただ、いつでもホワイトボードがあるとは限りません。そのようなときには、Evernoteのようなデジタルツールで共有することもできますが、その場でお互いの認識を共有するために白紙のノートを活用するのもオススメです。

白紙のノートを使えば、打ち合わせの中で出てきた言葉を記録しつつ、相手に示すことができます。相手の言葉をそのまま書き、「課題はここにあるのですね」「優先順位が高いのはこちらですね」などと、図示することもできます。

このように、**共に課題を見つけるためのツール**として、白紙のノートを活用するといいでしょう。言葉だけでは意思疎通や共通認識の醸成がスムーズにいかない場合には、**目視によってサポートすることが可能**なのです。

ＢｔｏＢでもＢｔｏＣでも同じですが、**いかに共通認識を持てるかが大事**です。お互いに曖昧なまま状況が進んでしまうと、後でズレが生じる可能性があります。たとえば美容院に行ったとき、「いい感じにしてください」とだけ伝えて、あとは任せてしまうようなことと同じです。そのとき、雑誌の切り抜きやスマホに保存した画像を見せれば、より希望する髪型が伝わります。

言葉に加えて「こんなイメージですね」と目視で示せるようにすること。これは特に無形商材やソリューションサービスなどを提供している人には、重要な要素となるでしょう。

言葉で伝えることは大切ですが、言っただけではわからないこともあります。**す**

■対話と同時に可視化し、共通認識にする

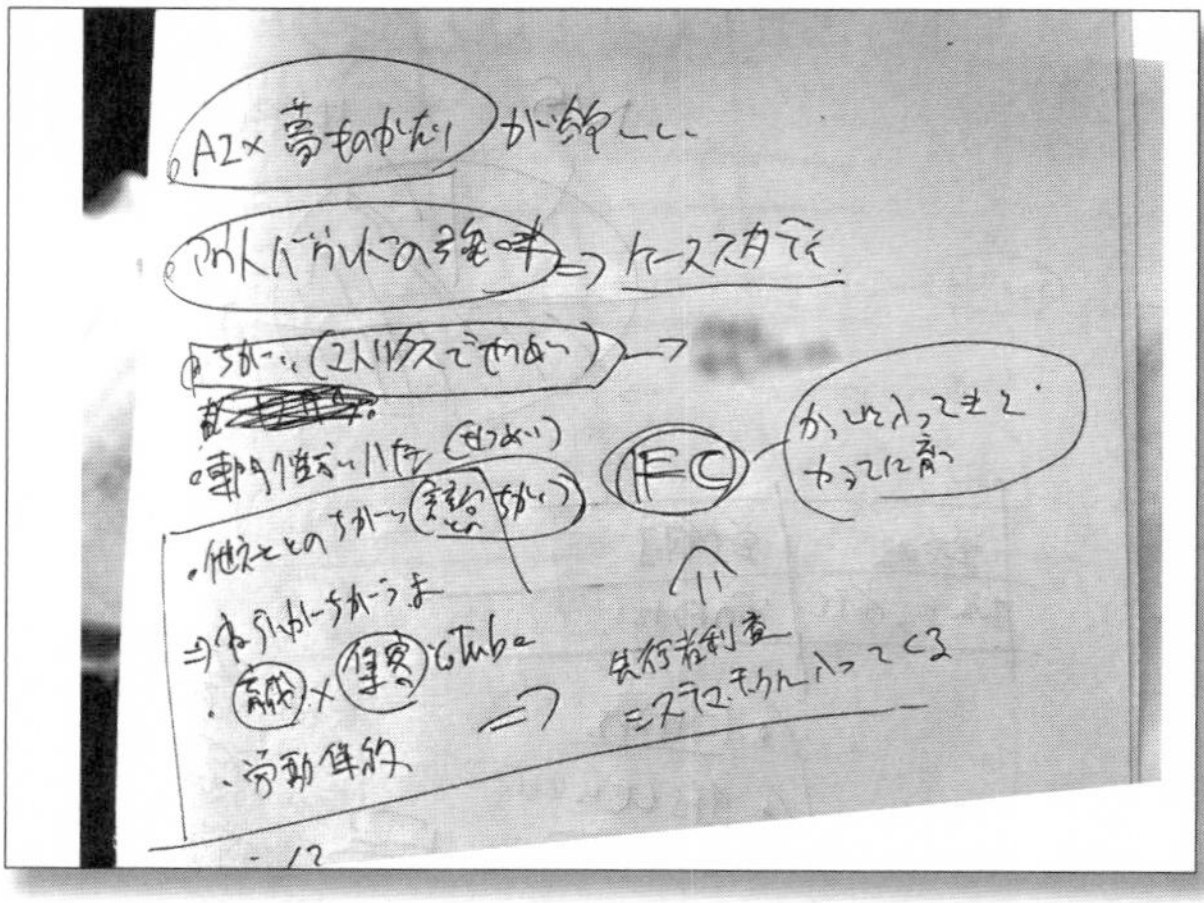

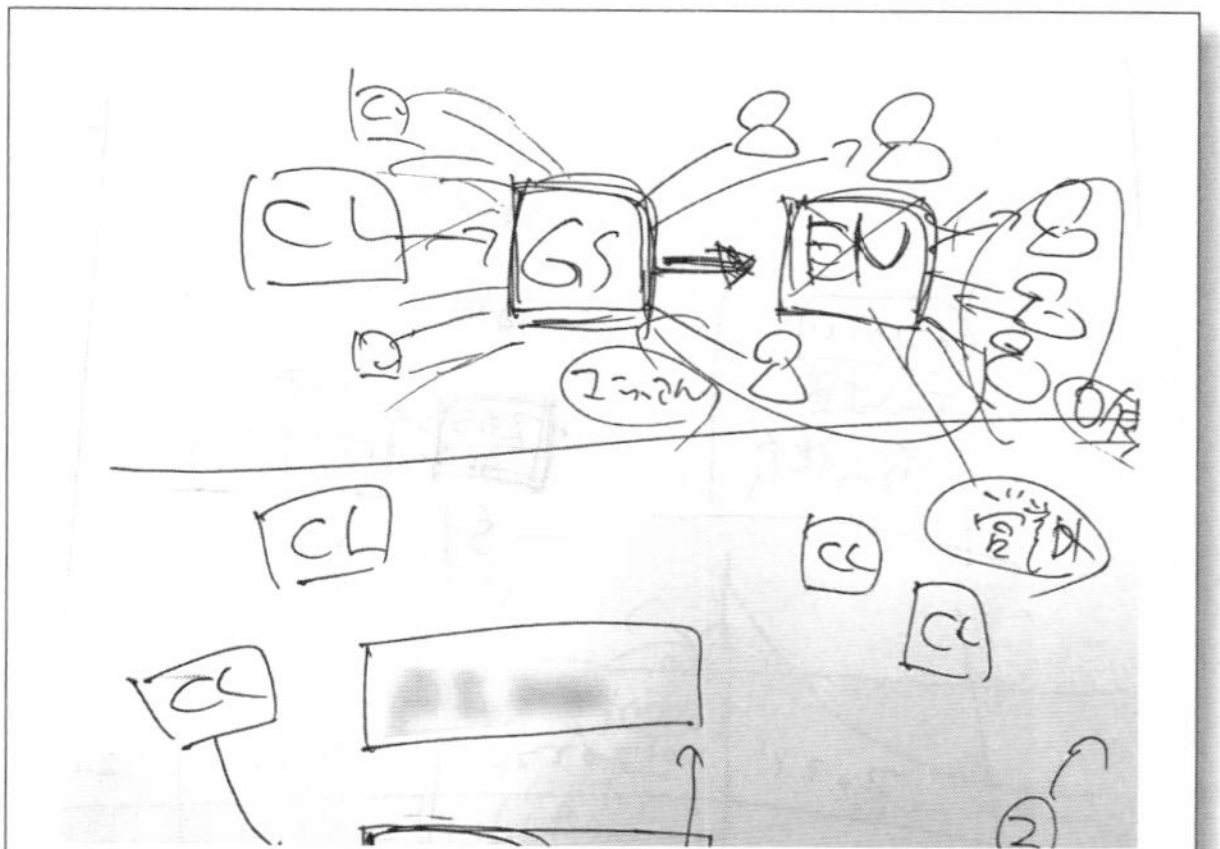

べてのお客様が、自社の課題を言葉で把握しているわけではありません。対話を重ねながら、少しずつ課題が見えてくるケースも多いのです。

ビジネスも会社も、生き物のように変化しています。あらためて俯瞰的に物事を見るときには、営業マンが介在し、会話の中で共通認識をつくっていくことが大切です。そのために、白紙のノートを活用してください。

紙に書きながら「この課題と、この課題と、この課題がありますが、優先度はどれが高いですか?」などとヒアリングし、共通認識を積み上げていけば、提案も前に進みやすくなります。

ホワイトボード

「教える・教わる」の関係性をつくる

商談時に話した内容を目視で確認するためのツールとして、やはりホワイトボードは有効です。用途は前項の白紙のノートと同じですが、ホワイトボードは立ったまま書くのが基本であるため、**場を支配しやすい**のが特徴となります。

外資系企業では、ホワイトボードを使って営業をするのがマニュアルになっているそうです。営業側がホワイトボードを使うことで、**「相手に教える」という立場**を取りやすくなります。

白紙のノートを使う場合、机を挟んでノートに向き合うので、「一緒に考える」場ができます。ただ、お互いに対等な立場で議論する関係性のままでは、こちらの話を通してもらえるとは限りません。

一方で、営業マンが立ってホワイトボードに何かを記入し、相手をイスに座らせていると、「教える側と教わる側」という関係性になります。そうなると、相手から**「もっと教えてください」という姿勢を引き出せる**可能性があります。その場を支配できれば、商談を有利に進めることができるようになります。

ヒアリング時には、ブレインストーミングのツールとして活用するのもオススメです。お客様に頭の中だけで考えるのではなく、「頭の中にあることをすべて出してみましょう」と提案し、ホワイトボードにリストアップしていきます。

すべての項目をホワイトボードに書き出すと、お客様は自らの悩みを客観視できるようになります。その結果、より本質的なことに気づけることも多いのです。議論を可視化することで、こちらも提案材料ができるため、お互いにメリットがあります。

物理的な距離で考えても、ノートを使う場合は相手と1メートル以内の距離となりますが、ホワイトボードは2～3メートル離れて使うこともあり、思考が広がりやすいです。

注意点として、ホワイトボードによって議論が発散しすぎる点があります。議論の成果が、営業を行なう側のファシリテーションスキルに依存しないよう、**ホワイトボードの端に、商談の目的を記載しておく**ことをオススメします。

オンライン商談の場合も同様に、ディスカッションモードの際は、こちらから率先してテキストファイルを開くなどし、画面共有によって目的の共有をすることが可能です。

一方、「この商談の目的は何か」を強く意識し過ぎると、お互いが収束に向けて気を遣ってしまい、本音が拾えないこともあります。営業側としても、本当は伝えておかないといけなかった話を伝え忘れたり、ヒアリングするべき項目を聞けない理由のひとつはこの収束バイアスです。**発散し過ぎた時**のリスクヘッジが「目的の可視化」になります。

レコーダー

集中力を高め本音を引き出す

課題を聞くための武器としては「レコーダー」も挙げられます。レコーダーは、相手の話を聞き漏らすことなく、声のまま保存しておけるのが強みです。

ただし、レコーダーで録音した内容については、それほど聞き返さなくてもいいと思います。商談におけるレコーダーのメリットは、**相手に不要な発言をさせないこと**にあるからです。

商談時には、相手に承諾を得てからレコーダーを使います。たとえば、「お話を聞き逃さないためにレコーダー使わせていただきます。よろしいでしょうか？」と確認すれば、大抵は承諾を得られます。

こうすることで、**相手は余計な話をしなくなります。**また**集中力が上がるため、**

こちらの話を聞き返さなくなるのです。商談に集中してもらうためにも、許可を得てレコーダーを使用するようにしましょう。

一方で、後から聞き返すことを前提にレコーダーを使っていると、その場で記憶しようとする意欲が薄れ、話の内容を思い出せないことも多くなります。無意識に「録音しているから大丈夫」と思ってしまうためでしょう。

そこで、レコーダーを使うのは、あくまでも相手の集中力を高めるためと考えるようにしてください。録音はしているものの、基本的には自分でメモを取りながら、提案内容や優先順位を考えることが大事です。

それに、録音した音声を聞き返していると、商談に費やす時間が2倍かかることになります。当日の集中力が低下するだけでなく、時間も余計にかかってしまうのです。それでは非効率でしょう。

レコーダーは、相手の集中力を高めるための武器として使う、というのがポイントです。その結果、適度な緊張感が維持できるようになり、話す言葉も洗練されてくるのです。

ヒアリングシート

着地点を示して安心してもらう

商談時には「ヒアリングシート」が活用できます。リアルでもオンラインでも、対話するときに質問項目があると、お互いに話を進めやすくなります。

たとえば、**「今日はこの10項目について質問しますので、お時間の許す限りお願いします」**などと伝えておけば、進め方と終わりが見えてきます。その結果、相手も話しやすくなるのです。

一方で、ヒアリングシートを用意しておかないと、今回の打ち合わせがどこに着地するのか見えてきません。そうなると、営業されている側が時間をコントロールしやすくなってしまい、「それでは次の予定がありますので……」と話を区切られてしまいます。

■ヒアリングシートの例

【本日のご確認事項】

●ミッション

ご自身の役割について（組織における立ち位置）

●目標

・会社の定性目標（言葉の目標）
・会社の定量目標（数字の目標）
・個人の定性目標（言葉の目標）
・個人の定量目標（数字の目標）

●現状

・定性（感覚的な所感）
・定量（数字）

●課題

・目標と現状のギャップについて
・過去に試したこと
・今、取り組んでいること
・これからやろうとしていること

●予算

・CPA（顧客獲得単価）の考え方と目安指標
・バジェット全体像

●比較対象

相見積の対象

「次がありますので……」で商談を打ち切られてしまう人は、全体設計ができていないのです。きちんと課題を聞くために、**ゴールと進め方を示しておく**ようにしてください。さらにアジェンダ（計画）を提示しておけば、方向性も明確になるでしょう。

聞く項目は、多くの場合、それほど大きく変わりません。ＢｔｏＢであれば、**「目標」「現状」「課題」**の3つを聞くのが基本となります。加えて、**「あなたのミッションは何ですか？」**というのが最初にあるとベストです。

たとえば、名刺交換をした際に、「〇〇という肩書がありますが、具体的にはどのような役割を担うのですか？」「チームで追っている目標は何ですか？」「現状はいかがですか？」「そこに対する課題はありますか？」などと聞きます。

「目標」「現状」「課題」に加えて、ミッションまでヒアリングできれば、基本的には問題ありません。後は、予算や決裁者までカバーしておけば十分でしょう。

このように、ヒアリングする内容はテンプレート化しやすいのです。ヒアリングシートや商談シートを事前に準備しつつ、その内容を磨いていきましょう。

3章

本音を引き出すための武器

LINE

担当者は通したくても社内を通せないことがある

相手の本音を引き出すために、One to One でヒアリングするためのツールとして活用したいのが「LINE」です。LINE はプライベートで使うイメージが強いかもしれませんが、ビジネスでも活用できます。

特にＢ ｔｏ Ｂの場合、担当者だけでなく、担当部長や上長、部下など、いろいろな関係者がいます。そのような状況では、なかなか本音を出してもらえないことが多いのです。

たとえば、建前があるために会社の悪口が言いづらかったり、自社に落ち度があったとしても「それは御社のせいではないですか？」などと言わなければならないケースも少なくありません。

そのようなときに、One to Oneでコミュニケーションを取りやすいのがLINEです。すでにメールのやり取りで複数名のCC（同時送信先）がついており、その人の本音が見えないときに有効です。

「もしメールなどでおっしゃりにくいことがあれば、こちらにご連絡いただけますと、水面下で動きます」などの伝え方をするといいでしょう。

ここで重要なのは、**個人アカウントを使う**ということです。他のチャットアプリやメッセージアプリでもそうなのですが、会社から支給されているアカウントではなく、個人のアカウントを使用することで、社内外の目を気にしなくて済みます。

会社から支給されているアカウントを使うと、相手は「誰かが見ているかもしれない」と警戒してしまいます。メールなどでも同様です。そこで、できるだけパーソナルなアカウントを使用し、本音を引き出すようにしてください。

もちろん、相手によっては嫌がることもあるかと思います。そのような場合を想定し、あらかじめ**「どのような連絡手段がベターでしょうか？」**と聞いておきましょう。そのうえで、相手に合わせてツールを選択してください。

提案書

具体的に課題を特定するツール

初対面の段階で、相手の本音を引き出せることはほとんどありません。人間関係構築の意味でも「3回会う」ことを推奨しています。「会う」はリアルに限った話ではありません。

2回目、3回目のアポイントを獲るための手段として活用できるのが、「提案書」です。提案書を活用すれば、**相手の承諾を得ながら、自然に複数回の商談を重ねることが可能**となります。

「提案書をつくります」と伝えれば、次のアポイントにつながりやすくなります。相手にとってデメリットがなく、情報提供を受けたうえで提案してもらえるのであれば、聞く価値は十分にあると判断してもらえるためです。

また、何も提案がない状態で「御社の課題は何ですか？」と聞いても、相手も常に課題の優先度が顕在化しているわけではありません。企業であれば、採用、人事、システム、売上、人間関係など、課題の内容や所在はさまざまだからです。

話が散らばってしまうのを避けるために、こちらから提案書を用意して、次回のアポイントに臨むようにしましょう。**提案書を土台にしてヒアリングすれば、具体的な課題を定義しやすくなります。**

提案書を出してもすぐに受注できるわけではありませんが、提案書に見積もりをつけておけば、対話が具体的になります。見積もりがない提案は「いいですね」と言いやすい反面、本気になってもらいにくく、本音を引き出すのも難しいでしょう。

そこで、提案書には見積もりもセットで提示できるよう準備しておきましょう。ポイントとしては、一番高いプランと一番安いプランを持っていき、本音を探ってみてください。

提案書は内容面だけでなく、金額を示さないことには前進しないことを忘れないようにしましょう。

「本当はどうしたいですか？」という問い

逃げ道をなくしていく作業

お客様の返事が遅かったり、歯切れの悪い返事が来た場合、「本当はどうしたいですか？」という問いが有効です。

「本当はどうしたいのか？」という問いは、必ずしもこちらにとって都合のよい話ではなく、無理難題を言われるかもしれません。場合によっては、他のサービスのほうが、お客様の悩みを解決しやすいかもしれません。その場合、他のサービスを提案することが営業マンとしてのマナーです。

たとえば、不動産営業で住宅の候補地を提案する場合で考えてみましょう。値段を見て悩まれているお客様に対し、「本当は何がしたいですか？」と聞くと具体的な考えをもらえるかもしれません。

そこからさらに、「本当はどこに住みたいのですか？」と聞くと、「できれば都心に近いほうがいい」といった本音が出てきます。あとは予算との兼ね合いになるため、広さ、日当たり、駅までの距離など、妥協できる要素を探りつつ提案していきます。

そのような本音を引き出すことなく、闇雲に郊外の物件を紹介していると、「もう少し近いほうが……」「できれば急行が停まる駅で……」などと要望が膨らみ、なかなか決まりません。お客様の本音が見えていないので決断しづらいのです。

住宅のように大きい買い物であればあるほど、本音を引き出せなければ、ただただ迷走し続けることになります。

人事採用などの相談でも同じです。最初のうちは「10人採用したい」と言っていた経営者が、「本当はどうしたいのですか？」と聞くと、「単純に業績を上げたい」となることもあります。

その場合、採用以外の施策のほうが手っ取り早いかもしれません。「人を採用する」のが本音でなければ、いくら人を採用できたとしても、不満は解消されません。言い訳ができない提案をするためにも、なるべく早く本音を引き出しましょう。

3回の商談

「単純接触効果」を使う

商談の基本は「3回会う」ことだと述べました。1回の商談で決まるのは顕在顧客のみです。強引に決めようとすると、必ずどこかで無理が生じてきます。「3回」というのはひとつの目安に過ぎませんが、それだけの時間を確保してくれること、あるいは複数回時間を取ってもらえるだけの意義があるかどうかがポイントです。そして、1回で物事を決めようとしないことが、心の余裕にもつながります。

もちろん、単価がそれほど高くない商品であれば、必ずしも3回会う必要はないかもしれません。ただ、商品の購入やツールの導入が決定した後に、2回3回と会うことも多いでしょう。その機会も含めて「3回」がひとつの目安となります。

■ “3回”の例

Pattern 1

① 会合で立ち話
② 翌日にお礼メッセージ
③ 商談

Pattern 2

① 商談
② 別件で再訪
③ ①、②どちらかの件で再訪

Pattern 3

① オンラインで引き合わせ
② 商談
③ ②の内容の動画を送付
（担当者を引っ張り出す）

どうしても回数を減らしたい場合は、初対面を初対面だと思わせないテクニックを使いましょう。具体的には、商品ページや自己紹介ページ、動画などを挟むことによって、初回のアポイントが初対面ではなくなります。

つまり、会う前に必要な情報を提供しておけば、実際に会わなくても、「初対面を感じさせないで済む」ということです。テレビでよく見る人に、親近感を覚えるのと同じです。動画を活用すれば、似たような効果を演出できます。

僕自身、動画を配信するようになってからは、初回のコミュニケーションがよりスムーズになりました。「単純接触効果」(繰り返し接すると好感度や印象が高まるという効果)の醸成にもつながるため、ぜひ動画をはじめとする事前の情報提供を心がけましょう。

「なぜこの仕事をやっているのか」

自分の本音を語って相手の本音を引き出す

相手の本音を引き出そうとするとき、僕が特に重視しているのは「なぜこの仕事をしているのか？」という理由についてです。具体的には、自己紹介の型を「What」「Why」で分けて行ないます。

「What」であれば、「僕は○○屋さんです」というように、どのような会社でどのような仕事をしているのかを示します。

「Why」では、なぜこの仕事をしているのかを示します。

たとえば僕の場合、「幼少期から取り組んできたスポーツで夢破れ、教授になる夢も破れ、何もない状態で唯一できたのが営業でした。むしろ営業が、僕の人生を変えてくれたと言っても過言ではありません。だからこそ、営業というテーマに人生をかけてみたいと考えています。これまでの営業で得た一番大きい成果は、最愛の妻を見つけたことです」といった話をすると、非常に共感を得られます。

このように、「なぜこの仕事をしているのか？」をきちんと伝えると、**していることとその背景にある想いに筋が通り、仕事を任せてもらいやすくなります。**つまり、信頼してもらいやすくなるのです。

今の仕事を選んだ本音は「給与が高いから」だとしても、相手の信頼を勝ち取ることはできません。コンサルタントの場合であれば、「会社を経営していた父の苦労を見てきて、中小企業の経営再建のために尽力したいと考えた」などのストーリーがわかりやすいでしょう。

そうならないよう、**「Why」と「What」に紐付けられるストーリーを考えてみてください。**それを聞いた相手が、**「これなら安心して仕事を任せられる」**と思ってもらえるような内容にしましょう。

もちろん、自分が本音を披露したからといって、相手がすぐに胸襟を開いてくれるとは限りません。ただ、自分が本音で仕事をしていると、相手も本音で仕事をしてくれる可能性が高いのは事実です。

NDA（秘密保持契約）

覚悟を示す強力な武器

相手から本音を引き出したいとき、ポイントとなるのが「機密情報」についてです。お客様から「機密情報を外部に漏らされたら困る」と警戒されている状態では、すべての情報をオープンにしてもらえません。

そこで活用したいのが「ＮＤＡ（秘密保持契約）」です。ＮＤＡのひな型を常に携帯し、可能な限りの情報を提供してもらえるよう、いつでも秘密保持契約を交わせる準備をしておきましょう。

たとえば、「御社の課題を聞かせてください」と言ったとき、先方が数字をはじめとする具体的な内容を言いづらそうにしているとします。そのときはすかさず先に「ＮＤＡを結んでおきましょう」と提案します。

要は**「それだけの覚悟はできています」ということを伝え、**本音や実際の数字の情報を出してもらうために、ＮＤＡを活用するのです。ＮＤＡの効力についてはともかく、少なくともこちらの姿勢を示すことはできるでしょう。

「誰にも言いません」といくら口で伝えても、相手が信用してくれるとは限りません。何かあった場合、お客様が責任をかぶるかもしれないからです。そこで、「いつでも秘密保持契約を交わせる準備があります」と提案してみましょう。

もちろん、ＮＤＡを締結しても絶対に安全というわけではありません。ここで大事なのは、**契約そのものがどれほど機能するかではなく、「秘密は必ず守ります」という態度を示すことにあります。**それを具体的なかたちにするために、ＮＤＡがあるのです。

お客様としても、秘密保持契約を交わしておけば、情報漏えいに対する一定の担保になります。その場だけでも安心してもらえれば、本音を聞きやすくなるでしょう。ＮＤＡのひな型を常に携帯することで、営業の武器として活用しましょう。

エレベータートーク

30秒～1分の短い時間で本音を引き出す

お客様から本音が聞けるのは、オフィスにいるときだけではありません。オフィスで商談し、終わった後に席を離れてから、ようやく本音が聞けることもあります。たとえば、エレベーターでの会話がそうです。

一般的な商談では、相手先の会社を訪問し、応接室や会議室などで座りながら話をし、「では、次回は提案を持ってきます」「また機会があればお願いします」などと述べて帰ります。そのとき、相手の緊張が緩むときがあります。

「商談が終わった」というリラックスした気持ちから、エレベーターや玄関に向かっていくとき、本音がポロッとこぼれることが少なくありません。その場面を活用し、「エレベータートーク」（エレベーターに乗り合わせた30秒や1分で伝えたいことを端的に話す会話術）で本音を探ってみるのもひとつの方法です。

しかし、オフィスで本音が聞けないのであれば、まだ十分な関係性が構築できていないという見方もできます。普通、決裁権限を持っている人であれば、オフィスで商談している段階で本音が出てくるはずです。基本的に、エレベータートークやランチミーティング、会食、飲み会でなければ本音が聞けないということはありません。地域によって異なるかもしれませんが、こと東京であれば、オフィスで本音が聞けることが多いでしょう。

裏を返すと、エレベータートークを活用しなければ本音が聞けない相手というのは、こちらを信用してくれていないか、あるいは何か隠したいことがあるのかもしれません。たとえば、業績がよくないケースなどが考えられます。その見極めとして、エレベータートークを活用するのもいいでしょう。

しかし、基本的には、公共の場でビジネスの大事な話をするのは避けるべきです。場合によっては、マナー違反だと捉えられてしまうかもしれません。エレベータートークは、必要に応じて利用するようにしてください。

商談後の時間

整理して次のアクションを決める

商談は締め方が大事です。たとえば1時間の商談であれば、1時間すべてをヒアリングや提案に費やすのではなく、**50分くらいたったら、「ここまでのお話を整理してもよろしいですか？」と切り出す**ようにしましょう。

具体的には、「これは帰ってすぐに資料を送ります」「これは今のタイミングではありませんね」「これは○○の部署につなぎます」などとお互いのアクションプランを整理する時間を設けるのです。時間がなければ3分でも1分でも構いません。

大切なのは、**その場の話を整理してから終わる**ということです。話を整理しておけば、リフレーミングすることになるので、「もうひとつお願いしたいことがありました」などと追加で提案をもらえるケースも多くあります。

特に話しながら頭の中を整理するタイプの人は、一通り話をした後、整理する時間を設けることによってさらなる気づきを得られることもあります。そうしたフォローをするためにも、時間をもらって話を整理しましょう。

整理する時間は、商談の最後でなくても構いません。中盤でもいいですし、話が一段落したときに、「お話された内容を書き出してみました。これでお間違いないでしょうか？」などと提示してもいいでしょう。

自分のために話を整理する人は多いのですが、そうではなく、**相手のために話を整理することが大事**です。「自分が次回までに何をするべきか」ではなく、相手の理解や確認、そして本音を引き出しやすくするのがポイントです。

つまり、**相手に対する配慮として振り返りをする**ということです。内容の整理はもちろん、優先順位の確認や抜け漏れのチェックをすれば、「そういえば……」などとさらに深い話を聞けることもあります。

どうしても時間がない場合は、整理した内容をメールで送っても構いません。次につなげられるよう、熱が冷めないうちに、次回のアクションを引き出しましょう。

早朝のパワータイム

非日常感が特別な関係をつくる

アポイントの時間は、お客様の都合に合わせるのが基本です。決裁者や創業者系の経営者の方は、早朝のアポイントを好む人が少なくありません。僕の肌感覚としては、**忙しい人ほど朝に強い場合が多い**ようです。

そのような人は、たとえ夜遅くまで働いていても、早朝のアポイントを喜んで受け入れてくれます。たとえば「朝7時からいかがでしょうか？」などと提案すると、空いていることが多く、多少の非日常感を演出することができて仲よくなれることが多いのです。

先方の決裁者からモーニングの誘いをいただいた場合、そのお誘いにはのったほうが得策です。平日の営業時間には調整できないけれど、早朝に時間を割いてまで早く時間をつくってくださっているからです。

早朝に出会った間柄はより印象に残ります。日中よりもポジティブな話になりやすいしかも朝は、交感神経が働くタイミングなので、というメリットもあります。

飲み会を活用する方法もあるのですが、夜はビジネスがストレートに進まない懸念があります。仕事の話というよりは、リラックスした休みの関係性を構築しやすい傾向にあります。それがビジネスにつながるかどうかはわかりません。

そこで、夜ではなく、早朝を活用できないかどうか検討してみましょう。それも単に「午前中」というアバウトな時間帯ではなく、「朝7時から」など、特徴的な時間を設定することが大事です。ポイントは「非日常」です。

オフィスが開いていないなど、場所の問題がある場合は、「ご自宅近くのカフェまで参ります」などと提案してみるといいでしょう。場所も時間もいつもと異なれば、非日常を演出できるので、より本音を聞きやすくなります。

「朝活」など、朝の時間を有効活用している人は多いですが、あえてアポイントにあてる人はあまりいません。それが差別化になり、スケジューリング上の武器になります。当然、こちらのやる気も伝わりますし、印象にも残りやすくなるでしょう。

早めのランチミーティング＋カフェ

その日のうちに詰めておく

早朝や深夜以外に、ランチの時間を活用するのもひとつの手です。忙しい人ほど使える時間が限られているため、「ランチミーティングをしましょう」と提案すると、承諾してくれるケースも多くあります。

ただ、ランチミーティングから商談につなげたいのであれば、ランチだけで終えるのではなく、その後のカフェタイムも利用するようにしましょう。なぜなら、ランチを食べながらでは、メモも取れず、大事な話がしづらいからです。

しかもランチタイムは限られていることもあり、深い話までは聞けません。そこで、**「もう少しお時間をもらってもいいですか？」**と提案するのです。

席を立つ前に、**「15分だけカフェでお話させてください」**と伝え、そこで話を整理し、商談モードに切り替えてから次に臨めば、スムーズに交渉を進めることができるでしょう。移動が面倒な場合、食後のコーヒーなどを追加で注文し、場を仕切り直すことも有効です。

お金の面で考えると、ランチとカフェで支出が重なってしまいますが、せっかくの機会をビジネスにつなげるための必要経費と考えましょう。ランチの機会を無駄にせず、話を前に進めるための営業費用と捉えましょう。

よくあるのが、ランチの場では盛り上がったものの、改めて商談を再開すると「そういう話もありましたね」と逃げられてしまうケースです。話を詰めておかなかったために、相手に断るきっかけを与えてしまうミスはよく見られます。

そのような逃げ道をつくらないよう、その日のうちに場所を移して話をし、商談を前に進めてください。もしその気がないのであれば、「時間がないのでまた今度」などと断ってくるはずです。

しかし、相手によってはお昼の時間を伸ばせない場合もあります。その場合は、少し早めの時間を設定して、事前に「後半に○○の件をご相談させてください」と伝えておくなど、商談モードに移行できる工夫をしておきましょう。

土曜日の午前中

相手の本気もわかる

法人営業の場合、アポイントの時間は平日だけとは限りません。たとえば土曜日の午前中など、休日の時間を利用することも武器になります。なるべく早めに回答を得たいときなどに、「たとえば、土曜日の午前中はいかがですか？」と提案してみるのです。

ＢｔｏＣの保険営業や人材系営業などの場合であれば、19時以降や土日を利用することも多いのですが、ＢｔｏＢではほとんどありません。早期アポ同様、あえて土曜日の午前中にアポイントを獲れば、より信頼関係が深まります。

なぜなら、休みの時間を使ってもいいと、相手が判断してくれているからです。

大切な時間を使ってでも話をしてくれるということは、仕事に対して前向きであり、

こちらの提案にも興味がある可能性が高いのです。

もちろん、相手が望むなら日曜日でも構いません。ただ、お互いのことを考えるなら、**土曜日の午後と日曜日の休日を確保できる土曜日の午前中がベスト**です。

また感覚的にも、日曜日の午後にアポイントが入っていると、気が休まりません。せっかくの週末がアポイントのせいでリラックスできなくなってしまえば、マイナスの印象を与えてしまうかもしれません。相手の状況を想像し、わからなければ「土日はどちらかご都合よろしいでしょうか」と率直に聞くのもよいでしょう。

中には土曜日も営業している会社はありますが、ＢｔｏＢでは限定的なので、非日常を演出できます。その結果、いつもとは違う本音が聞けるかもしれません。

たとえば、平日のアポイントではスーツの人も、土曜日のアポイントでは私服ということがあります。服装が違うと、それだけでモードが変わります。気持ちもカジュアルになり、本音がポロッと聞けることも多いのです。

いつも予算ばかり気にしている人が、休日のアポイントでは「本当はもっと投資が必要なんですよね」などと言うこともあります。このように**時間や服装が変わるだけで、場の雰囲気が変わり、特別な関係になれる**のです。

4章

商談時の武器

Google Map

移動情報を資産化する

Google Mapを上手に活用しましょう。たとえば、**「顧客先の住所」「お気に入りの会食先」「仕事がしやすい電源付きのカフェ」**などを事前に登録しておけば、それだけで営業の効率が上がります。

外出時にGoogle Mapを活用し、「ちょっと近くまで来たので」などと取引先に挨拶するのにも使えます。

このようにGoogle Mapを使いながら蓄積された情報が、営業活動の武器となります。移動しながらヒントを得られることに加えて、調べものにかかる時間の短縮にもなるからです。

特に、闇雲に出歩く時代ではないからこそ、外出したときに「ちょっと近くに寄ったのですが」という挨拶が差別化につながります。

また、会議に使えそうなカフェをお気に入りに登録しておけば、相手に場所探しの手間を与えずに済みます。たとえば「今日は恵比寿周辺でお願いします」と言われたときは、Google Mapを開いて「ここのお店でよろしいでしょうか？」と提案できるのです。この時短プレーはお互いにとってプラスです。

加えて、電源付きのカフェがどこにあるのかを把握しておくと便利です。急にオンライン商談が入った場合でも、Wi-Fiがあるカフェや混雑しない場所を押さえておけば対応できます。

タクシーアプリ

点から点の移動で時間を有効に

営業活動中の移動には、ぜひ積極的にタクシーを使いましょう。スマートフォンのタクシーアプリを活用すれば、東京、大阪、福岡、名古屋などの大都市圏であれば、なお素早く移動することができます。

大切なのは、1秒でも早く移動することではなく、仕事に使える時間と労力を確保することです。都内であればもちろん電車を利用することもできますが、移動中に立っていたり、歩く動作などが発生すると非効率です。タクシーの中であれば、電話やパソコン、スマートフォン作業もこなせます。**次の商談に向け、体力回復を図ることも立派な仕事**です。

しかし、何度もタクシーに乗っていると、現金での決済に時間がかかることがわかります。クレジットカードなども使えますが、通信端末を通さなければならず時間がかかることも多いです。そこで、タクシーアプリを活用しましょう。

タクシーアプリを使えば、事前に登録しておいた決済方法で、**自動的に支払いが行なわれます。**支払いに余計な時間を取られることなく、スマートに、そして素早く会計を終えられます。複数人で乗っている場合も同様です。

特に商談が重なったときは、移動時間が惜しいものです。ひとつのアポイントが長引いてしまうと、予定が後ろ倒しになることも多いのです。その時間を先方に電話しておくことなども車内であればスムーズです。

武器ということで言えば、ＢｔｏＣの営業で、お客様を駅などに送る際にも、タクシーアプリが活用できます。あらかじめ「どこの駅から来られましたか？」と聞いておけば、タクシーアプリで行き先を指定し、スマートに送ることができます。

１秒でも時間を有効活用するという意識を持ちましょう。

デジタルギフト

受け取る側の負担にならないギフトを

3章で紹介したLINEの応用編として、**「ギフト機能」**があります。これを使えば、自然な流れで贈り物をすることが可能です。たとえば、相手の誕生日や結婚、出産などのライフイベント時に、さりげなくプレゼントしてみましょう。

LINEのギフト機能で贈れるのは、いわゆる「デジタルギフト」です。たとえば「スタバカード」であれば、**500円分からプレゼントでき、荷物にもなりませんし、かつ受け取る側の負担もそれほどありません。**まさに、使い勝手がいいギフトです。

以前であれば図書カードをプレゼントするという方法もありましたが、今は使い勝手という意味で考えると、やはりスタバカードのほうが無難です。使える場所が明確であり、用途も限定されているためです。

このようなデジタルギフトに限らず、プレゼントを贈ること自体が、営業の武器となります。ＢｔｏＣの営業マンが「ＧＮＰ（義理・人情・プレゼント）」を大切にしているように、ＢｔｏＢでも同様の対応を心がけてみてはいかがでしょうか。

義理や人情はもちろんのこと、ちょっとしたお礼でもプレゼントを贈る習慣が、相手に対する印象付けになります。お金もそれほどかかりませんし、スマートに贈れるため、かなり有効な手法だと思います。

あまりに高価なものをプレゼントすると、相手が引いてしまいます。場合によっては賄賂だと誤解されてしまうかもしれません。そうならないよう、５００円程のライトな施策がオススメです。商談に華を添える程度にしましょう。

注意点としては、「取引したいからプレゼントする」のではなく、**「すでに取引をしている相手にお礼やお祝いとして贈る」**ということです。プレゼントというのは、平穏無事なときに贈ってこそ効果があります。

トラブルやミスが発生したときに贈るのではなく、あくまでも関係性構築や維持のために使うようにしてください。

フットワークを軽くするツール

小さな心配を排除せよ

●スマートバッテリー

今や営業活動に必須のスマートフォンですが、外で使用していると、バッテリーの問題があります。メール、チャット、電話、テザリングなどでフルに使用していると、すぐ電池切れになってしまうこともあるでしょう。

スマートフォンで仕事がほぼ完結できる現代において、電池切れのリスクは非常に大きいものです。インターネットが使えず、通信はもちろんのこと、録音や録画、メモを取ることもできません。人によっては仕事にならなくなってしまいます。

しかし、**電池の残量を気にしてスマートフォンを十分に活用できないのであれば、本末転倒**です。電池切れのリスクを恐れるあまり、スマートフォンの使用を躊躇していると、その分だけ行動が制限されてしまうからです。

そうならないよう、あらかじめ「スマートバッテリー」を携帯することを推奨します。パソコンと併用してテザリングしている人は、特にスマートバッテリーの用意が必須です。これがあれば外出先でも充電できます。

充電器を持ち歩いてもいいのですが、コンセントがないところでは使えません。その点、スマートバッテリーがあれば、単独で充電できます。もちろん、事前にスマートバッテリー本体の充電は必要ですが、それさえ忘れなければバッテリーの問題はなくなります。

「本体を充電しておけば十分」と思う人もいるかもしれませんが、そのような人ほど、無意識にバッテリーを節約している可能性があります。少なくとも、「バッテリーがなくなったら使えない」という意識は持っているはずです。

最近のスマートバッテリーは、小さいので荷物になりません。そのようなツールがあるのにもかかわらず、本体のバッテリーに頼っていると、**無意識のまま、機会損失を見逃しているかもしれません。**

バッテリーの消費を恐れることなくスマートフォンを使えるようになれば、ビジネスを前に進め、自分自身の進化も加速させられるのです。

●PASMOのオートチャージ

アポイントはもちろん、商談でも会食でも、移動にはお金がかかります。特に再訪問の場合、「前回もダメだったから……」などと考えてしまうと、移動にかかる費用が無駄なように思えてくるかもしれません。

ただ、**ことあるごとに交通費のことを考えてしまうと、行動がどんどん後ろ向きになってしまいます。**やはり営業マンたるもの、フットワークを軽くしなければなりません。そのために、なるべく交通費のことを考えないようにしましょう。

そもそも営業というのは、交通費を含む支出以上のリターンを得る活動です。目先の支出ばかりにとらわれてしまうと、せっかくのチャンスを逃すことになってしまいます。そうならないよう、交通費を気にしない仕組みを構築しましょう。

具体的には、交通系の電子マネーを利用する方法があります。たとえば、オートチャージしているPASMOを使えば、クレジットカードから自動的にチャージされるので、いちいち残高を気にしなくて済みます。

僕自身、オートチャージのPASMOを使っているのですが、交通費を気にしなくなったことで、フットワークがさらに軽くなりました。以前は残高が減ったら5000円なり1万円を現金でチャージしていたのですが、当時と比べて気兼ねなく移動できていますし、駅でチャージしていた時間も有効的に使えています。

交通費の支出はわずかな躊躇かもしれませんが、そこから「このアポイントは意味がないから断ろう」などと思ってしまうと、ピンチにもチャンスにも出会えなくなってしまいます。それは非常にもったいないことです。

さらに言うと、**ビジネスのあらゆるシーンはゲーム化できます**。キャッシュレスが進み、現金を使わないようになると、「こちらの通帳の数字が先方の通帳の数字になるだけ」とも捉えられます。**ポイントを交換しているのと変わりません。**

どんなゲームでも、自分からポイントを使っていかなければ、リターンは得られません。それと同じように、交通費に関してもPASMOを使ってゲーム化すれば、お金の支出という概念ではなく、ポイント交換のような感覚で使えるようになるはずです。

真夏と真冬の武器

ベストパフォーマンスを引き出すお守りアイテム

●ペットボトル

営業マンにとって体調管理は必須です。そこで、特に真夏の時期は、ペットボトルの飲み物を持ち歩くようにしましょう。水分補給を欠かさないようにすることで、熱中症や脱水症状を予防することができます。

持ち歩くときの水は500ミリリットルが最適ですが、体調管理を考え、**1日当たり2リットルを目安に飲む**ようにしてください。一定量の水を飲むことによって、身体の調子を整えることができます。

まず、水を飲むことで**新陳代謝が促されます**。「朝、コップ1杯の水を飲むといい」とはよく言われていますが、血中濃度を薄めることによって、脳がある意味で異常事態と判断し、目が覚めるという側面もあります。

また、水を飲み続けることによって、**腸や胃の働きが活発になります。**胃の中にあるものがちゃんと消化されていないと、体調不良につながってしまいます。

さらに、口の中が乾いている状態だと、雑菌が体内に侵入しやすくなってしまいます。そこで、水を飲んで口内の潤いを保っておけば、**雑菌の侵入を未然に防ぎ、病気のリスクを低減させることが可能**です。外まわりが多い人ほど、体温の上下がありますし、いろいろな菌をもらってしまう可能性があります。水を持ち歩くことで、そのようなリスクを回避しましょう。

●クールスプレー

クールスプレーをシャツなどに直接スプレーすることで、**ほてった身体を瞬時に冷却してくれる効果**があります。スプレーするだけでもひんやりとした感触を得られることに加え、風が当たるとさらに涼しく感じられます。

特に夏場の外出時は、店舗内などに入れば涼しいのですが、炎天下で過ごさなければならないこともあります。また建物内にいても、エアコンが効いていないところでは体温が高くなってしまいます。

そのような体温調整が難しいときにはクールスプレーを上手に使い、体温が高くなり過ぎないよう調整しましょう。

外まわりをして汗だくになってしまうと、商談に集中できないばかりか、汗のせいで身体が冷えてしまうこともあります。急激な体温の上下は、体調不良の原因になります。タクシーに乗ったり、地下を歩いたりするのもひとつの方法ですが、クールスプレーがあれば場所を問わずに対処できます。

●着替えのシャツ

日差しが強い真夏に外を歩いていると、汗だくになってしまうことがあるでしょう。特によく汗をかく人の場合、いつでも着替えられるように「着替えのシャツ」を用意し、カバンに入れておきましょう。

汗をかいたとき、タオルや汗拭きシートで拭いている人は多いですが、着替えを持ち歩いている人は少ないかと思います。荷物としてはかさばってしまうのですが、大量の汗をかいたときは、**拭くよりも着替えてしまったほうが早い**のです。

これはスーツである場合もそうでない場合も同様です。服装によっては、シャツよりも肌着のスペアを持っておくほうがいい場合もあるでしょう。

新しいシャツに着替えれば、気持ちも変わりますし、物理的にも軽くなります。ぜひ、試してみてください。

●制汗剤

夏場は匂いへの配慮も必要です。乾いた汗が不快な匂いを発してしまうこともあるため、あらかじめ制汗剤を塗って、不快な匂いの発生を未然に防ぐ工夫をしておきましょう。

匂いに無自覚な人は少なくありません。しかし、**不快な匂いが商談に影響を与えることを**忘れてはなりません。汗の匂いが相手に伝わらないように配慮することは、営業マンにとって最低限のエチケットです。

しかも、制汗剤はいつでもどこでも対策が可能です。できるのにしないということは、相手からマナー違反だと思われてしまっても仕方ないでしょう。そうならないよう、武器として活用してください。

一昔前は、汗の匂いは抑えられても制汗剤の匂いが気になってしまう商品が多かったですが、現在は無香料のものもあります。

機能に関しても、きちんと汗と匂いを抑えてくれるので、対策としては十分です。自分はあまり汗をかかないと思っている人でも、匂いまではわかりません。少なくとも夏場は、きちんと対策をしておきましょう。

●リップクリーム・ハンドクリーム

冬場などの乾燥が気になる季節は、唇が乾いてしまわないよう、リップクリームを常備しましょう。**唇が乾燥していると、いつものように表情を動かすことができません**し、しゃべるのにも支障が生じるためです。

僕自身、冬場は唇がよく割れてしまいます。そのようなときは、すぐにリップクリームを塗って、自然な笑顔が出せるようにしています。いつでも、笑いたいときに笑えるようにするのがポイントです。

唇が割れていると、無意識に笑顔をセーブしてしまい、不自然な表情になります。表情の中でも特に口元は重要なので、常に潤いをキープしておきましょう。

人は見た目で判断されます。同じ営業トークをするにしても、喜怒哀楽がはっきりしており、より人間性が伝わってくる人のほうが多くのことを伝えられます。自然な表情になると印象がよくなるため、結果的に商談が前に進みやすくなります。

ハンドクリームも同様です。名刺交換からはじまり、お客様に資料で説明するとき、さらには扉を開けるときや椅子を引くときなど、手のしぐさは折に触れてお客様の目に入ります。カサカサしていたら「細やかなケアができない人」と思われてしまうかもしれません。今はべたつかないさらさらタイプのハンドクリームもあるので、1本カバンに入れておきましょう。

●軽めのコート

真冬に着る防寒用のコートは、つい厚手のものを選んでしまいがちです。しかし、できる限り軽いものを用意するようにしてください。なぜなら、**分厚いベンチコートのようなものを着てしまうと、それだけでフットワークが重くなる**からです。

営業マンたるもの、フットワークは軽くなければなりません。寒いからといって分厚いコートを羽織ってしまうと、重量が重いために動きにくくなってしまいます。

しかも、身体にかかる重量が、物理的なフットワークだけでなく、心の負担にもなります。心と身体は密接な関係があり、**フットワークの重さが意思決定の重さにも影響する**のです。そのため、コートはできるだけ軽いものをオススメします。

●のどの潤い＆殺菌スプレー

営業マンにとって、ハキハキとしゃべることは大事です。話すことが仕事の重要な位置を占めているので、いつでも喉の調子を整えられるよう、「のどぬ～るスプレー」など、のどの潤い＆殺菌アイテムを上手に活用するようにしましょう。

のどの潤いを保つ工夫としては、マヌカハニーなどを使用する方法もありますが、携帯するという意味ではスプレーが最適です。商談前のわずかなタイミングでのどを潤せることに加え、炎症による痛み、腫れ、声がれなどにも効果的です。

少しのどが痛いだけで「話すのが面倒くさいな」と思ってしまうこともあります。また、無理をして話し続けていると、バイ菌が入って風邪をひいてしまったり、のどをさらに痛めてしまったりすることもあるので、早期に対策をしましょう。

名刺

“つかみ”の代表選手

●名前の由来

初対面の人との緊張をほぐすアイスブレイクで最も使いやすいのは「名前」です。名刺交換をしたとき、**相手の氏名や会社名、あるいはサービス名について触れ、話を広げていく**ことができるからです。そのようにして、場の雰囲気をつくっていきます。

ただ、名刺交換をしたとき、どこを突っ込んでいいのかわからないケースもあるかと思います。そのようなとき、最も無難なのは相手の会社名です。社名の由来や意味などを聞けば、相手の気分を害することなく自然な流れでアイスブレイクできます。

また**社名には、その会社の理念やビジョンが込められていることも多くあります。**そこを掘り下げることによって、相手の会社が何を大切にしており、どこを目指しているのかがわかります。また、自分のミッションやビジョンを話すきっかけにもなるでしょう。

そのようなアイスブレイクをすることなく、突然、具体的な話に入ってしまうと、相手はこちらのペースについてきてくれません。そのため「間に合っています」「今は大丈夫です」などと、深く話せないまま断られてしまいます。

そうならないよう、まずは**会話の下地**をつくりましょう。

また氏名については、よくある名字であれば下の名前を聞いてみたり、由来について尋ねたりするのもひとつの手です。人間誰しも、自分のことに興味を示してもらうとうれしいものです。

天気の話をするぐらいなら、「名前の由来を教えてください」と言ったほうが、パーソナルな部分に踏み込むきっかけを得られます。失礼のない範囲で、名前についても掘り下げてみましょう。

●資格とツッコミどころ

次に自分の名刺に目を向けましょう。社名と住所と名前だけでは情報量として限られるので、資格などのツッコミどころとなる情報を盛り込んでおくことで、そこから話がふくらみやすくなります。

昭和や平成の時代では、社名・住所・名前だけでもよかったかもしれません。しかし、あらゆる情報が溢れている令和の時代では、名刺に盛り込む情報として少な過ぎます。

できれば、資格とツッコミどころの両方があるとベストです。資格は、専門家として**その仕事をする裏付けになることに加えて、権威付けにもなります。**資格を保有していることによって、信頼を得やすいということもあるでしょう。

他方で、ツッコミどころとしては、商品紹介、会社紹介、自己紹介などを盛り込み、名刺からアイスブレイクにつなげる話題づくりに役立てます。つまり、そこから自然と会話が広がるようなネタを仕込んでおくのがベターです。

たとえば僕の場合、表面には社名と名前だけを記載していますが、裏面にはビジョンや理念、過去の経歴をしっかりと書き込んでいます。そうすることで、視覚的に過去の経歴を見てもらえるだけでなく、インパクトを与える効果も期待できます。出版依頼をもらうときでも、名刺を見てもらえば、過去にたくさんの本を書いていることがわかります。視覚的に「これだけの本を書いているので大丈夫です」ということが、先方にも伝わります。

あるいは学校から依頼を受けるときも、僕は「学問をつくる」という理念を掲げているので、そのことを経歴と共に名刺に示しておけば、信頼してもらえます。やはり、相手が求めている情報を提示することが大事です。

また、「サウナが好きです」「おいしいお肉が好きです」など、趣味レベルのことも入れておくと、話題づくりになります。「野球をしていました」「横浜出身です」など、相手との共通点が見つかりやすい項目もオススメです。

大きめのカバン

ツッコミどころを用意する

僕が独立した当初、アイスブレイクのネタとして一番うまくいったのは、「カバン」に対するツッコミでした。当時、僕は保険の営業マンが持ち歩くような頑丈なスーツケースを持ち歩いていたのですが、それが話題になるケースが多かったのです。スーツケースを持って営業先を訪問すると、平日にもかかわらず、「今日は旅行ですか？」「これから出張ですか？」などと突っ込まれます。そのようなトークが、100発100中で発生していたのです。

僕としては、特に意図していたわけではなく、単純に会社の判子や代表印、通帳などをすべて持ち歩いていただけでした。最初はオフィスがなかったので、そうすることで、いつでも決済できるような状態をつくっていたのです。

スーツケースへのツッコミから話がふくらみ、「何が入っているんですか？」「実は、現金が詰まっています」などと冗談を言うこともありましたし、「夢がたくさん詰まっています」などと言って場を盛り上げることもありました。

相手との関係性にもよりますが、このように**持ち物ひとつでもアイスブレイク**へとつなげることができます。コミュニケーションを構築するうえで、あえてツッコミどころを用意しておけば、そこから自然なアイスブレイクが生まれるのです。

僕の場合はカバンでしたが、**「目に見えるもの」**でツッコミどころをつくるのがポイントです。たとえばベンチャー企業などでは、社名をプリントしたTシャツをつくり、どこへ行くのにも着ているケースがあります。

そのような工夫も、目に見えるものからツッコミを得るきっかけになります。最初のうちは恥ずかしいかもしれませんが、そこからアイスブレイクが生まれれば、いずれ商談に発展するケースも少なくありません。

カバンが大きければよいという話ではありません。自分の持ち物さえも武器ととらえ、それを成約率を高めるために戦略的に用意しておく姿勢が大切です。話題のネタを自分で仕込んでおき、会話のきっかけにしましょう。

Googleアラート

効率よく幅広く情報を集める方法

ニュースやPR情報などから、アイスブレイクのネタを仕入れることも可能です。たとえば「Googleアラート」を活用し、**あらかじめ先方の会社名やサービス名を登録しておけば、自動的に情報が集まってきます。**

特にお客様との間で話題になったニュースやお客様が発信している情報は、キーワードを入れておくことで、確実に拾うことができます。面談の前に調べるのではなく、日頃から目にしておけば、幅広く情報収集できるでしょう。

たとえば、「先日、M&Aがありましたね」や「早期退職者の募集がはじまったのですか?」などと切り出し、先方の状況を探ってみるといいでしょう。ニュースを収集しておけば、自然にそのような会話ができるようになります。

商談の前にのみ情報収集をする人も多いですが、それだけでは追いつかないケースが少なくありません。**その場でニュースを見ても表面的なことしかわかりませんが、事前に流れをつかんでおけば、会社の方向性もわかるはずです。**

Googleアラートで送られてきたメールを見ながら、「こっちの分野に進出しようとしているのかな」「コストカットを考えているようだ」「この会社に見合った商品はないだろうか」などと考えれば、話題も広がるでしょう。

さらにそこから「あなた自身のキャリアについてはどうお考えですか?」などと切り出すと、「実は、辞めようと思っているんです」などの相談を受けるケースもゼロではありません。

端的に言えば、「物知りになりましょう」「業界について詳しくなりましょう」ということなのですが、そのための方法として自ら検索するのではなく、Googleアラートを使って自動的に情報収集できるよう仕組み化してください。

キーワードとしては、先方の社名やサービスだけでなく、著名な方を相手にする場合は個人名を登録しておくのもオススメです。また、自分の会社や競合他社に関するキーワードも登録しておけば、お客様から聞かれた場合に答えやすくなります。

分厚い資料

物量が信頼感をつくる

ウェブサイトや動画のURLを活用しつつ、あえて紙で分厚い資料をつくっておくと、いざというときの武器になります。分厚い資料があれば、それだけでインパクトがあるため、注目を集められるからです。

URLを送付して「後で見てください」と言うと、間違ったサイトを見てしまう可能性もあります。また、「ウェブサイトや動画ではどうもピンとこない」という人もいるかもしれません。

そのような場合に、「これを見てください」と分厚い紙の資料を出せば、注目してもらえます。多くの資料ではデジタル化が進んでいますが、だからこそあえて紙で出すと、それを見ながら自然と話をすることもできるでしょう。

僕の実感としても、**紙の資料はまだまだ有効**だと思います。特に注目を集めたい場合は、分厚い資料を用意して常にそれをアップデートしておけば、商談を進めるための強力な武器になります。

資料が大量にあると、物理的にすべてを説明できません。そうなると、ポイントを絞って解説することになります。具体的には、**「今日はここだけお話させていただきます」**という使い方ができるのです。

お客様としては、ピンポイントで話をされたとしても、**「この人は他にも大量の情報を持っている」**と認識します。つまり、底が知れないと思ってもらえるのです。それが知識のギャップを意識させ、信頼の醸成につながります。

特に若い営業マンは、経験年数が短いこともあり、熟練の専門家として見てもらえません。それでも、分厚い資料を用意して説明すれば、「私は若手ですが、社内には豊富なノウハウが蓄積されています」と示せます。

重要なのは**「物量がある」**という事実です。ただし、そのまま資料を渡しても読んでもらえないので、資料を使って特定箇所を説明するよう心がけてください。

進化するQ&A

すでに対策済みであるという安心感

相手に提示する資料は、常に進化させていくべきです。たとえば、商談時にいただいた質問事項に関しては、初期段階の資料には盛り込まれていないものなので、適宜、資料化していくことが大切です。

具体的には、「2つセットで買ったら安くなりますか？」「期間は何ヶ月ですか？」「他社と比べて価格は高い（安い）ですか？」など、お客様が気にしているポイントが質問として出てきます。それらを、Q&Aとして資料化するのです。

質問に対し、口頭で返答するのは簡単です。しかしそれだけでなく、**資料としてQ&Aを示しながら回答すれば、お客様はより安心してくれます。**「**みんなが疑問に思うことは解消できているんだ**」という**気持ち**になるからです。

つまり商品そのものを磨くというよりは、商品の説明資料を発展させることで、商品そのものに対する印象が磨かれるというイメージです。お客様が抱く悩みや疑問に答えられることは、商品力の向上にもつながります。

もちろんQ＆Aページではなく、商品ページを進化させても構いません。「実は、商品ページに記載されていまして」と説明すれば、その場で疑問を解消できます。少なくとも、**営業マンの感覚で答えているのではない**とわかります。

その場だけで適当に答えていると、「この人がそう思っているだけでは？」と思われてしまうかもしれません。そうならないよう、あらかじめ想定問答集を用意しておき、専門性を暗に示すようにしてください。

言い換えると、資料化したQ＆Aは、お客様からいただく質問を営業の武器として具体化したものです。営業トークの王道に「みなさんそうおっしゃいます」というものがありますが、そこで**「我々は先に手を打っています」**という態度を示せるかどうかがポイントです。

すでに対策済みであることを伝えられるかどうかが、商談の成否を左右します。Q＆Aをあらかじめ資料として用意し、必要に応じて活用するようにしましょう。

事例に語らせる

ストーリーがイメージをふくらませる

お客様の不安を解消するには、Q&Aだけでなく「事例集」があると便利です。つまり、お客様へのサービス提供から解決事例まで、そのまま資料にしてしまうということです。そうすると、サービス内容自体が営業の武器になります。

特にBtoBで無形商材を提供している会社の場合、概要やメリットを示しづらいため、**「たとえば、このような会社のこのような事例を解決しました」**などと事例を資料化しておけば、サービス内容のイメージがより明確になるでしょう。

その過程で、「経営再建もできるんだ」「伸び盛りの会社にも対応しているんだ」「大手企業の新規事業にも対応しているんだ」などと、事例を通して具体的な中身を理解してもらえます。ある意味、事例がこちらの説明を省いてくれるのです。

商品ページにばかり力を入れている企業もありますが、その概要と価格だけ提示されても、**「実際に導入したらどうなるのだろう?」**と疑問が残ります。お客様が知りたいのは、**「どれだけ解決したのか?」**という具体的な中身だからです。

どのような課題に対して、それをどう解決したのかを示せなければ、自社の商品やサービスを積極的に選んでもらえません。また、他の施策との具体的な違いについても言及し、「なぜこのサービスを選ぶべきなのか」を示せるかどうかがポイントになります。

そのときに、ストーリーとして事例集があれば、相手にイメージを訴求することができます。これまでの説明が具体的になり、解決までの道筋を想像してもらえるためです。そのストーリーを、サービス内容と並行させながら用意しましょう。

事例に社名を入れる場合は、その会社の許可が必要です。また事例集は何度も使う資料であるため、紙のままではなくラミネート加工しておくといいでしょう。お客様にとって見やすく、かつ営業マンが説明しやすい資料をつくりましょう。

新規事業の場合、事例は買ってでもつくるべき武器です。事例のコンテンツ化には予算を惜しまないことをオススメします。

5章

クロージングの武器

上司・担当者を同席させる

どれだけ犠牲を払っているかが肝

クロージングの考え方は、対象サービスによって異なります。売買が一過性の商品ではなく、SaaS（ソフトウェアのクラウドサービス）やサブスクリプション型のサービスの場合、契約後のサポート体制やアフターフォローが重要です。一方、売買が一過性の商品（物販や不動産など）よりもクロージング（契約を預かる）の難易度は、相対的に下がります。クロージングの商談では、素晴らしいプレゼンテーションよりも、最終的な値段の交渉であったり、契約後の進め方などのすり合わせが求められます。

そう考えると、**「次回は担当を連れていきます」と伝えること自体が、サービス契約後の懸念事項を解消することとなります。**お客様が社内のQ＆Aに対応する手間を省き、契約後のイメージを持つことをサポートする場になるからです。

自社の担当を同席させるということは、商談コストを追加することになります。つまり、その分自社がクロージングまでにコストを支払っている状態です。この人数と回数が多い分、犠牲が大きくなります。この犠牲がひとつの価値になり、メッセージとなります。

もちろん価値の等価交換ができればベストなのですが、等価交換ができなければ、自ら犠牲を払って交渉しなければなりません。そして、自分が払っている犠牲が大きければ大きいほど、クロージングの武器としては有効になります。

営業マンの中には、自分ひとりで頑張ろうとする人もいます。しかし、成果を上げるために、自分以外の武器を利用してもいいのです。上司でなくても、**「エンジニアを同席させます」「CSの担当者も連れていきます」**などの提案が可能です。

担当者に同席してもらい、その場で質疑応答ができるような態勢を整えることも、価値提供になります。犠牲の大きさとタイミングをコントロールすることがクロージングの結果を左右します。

キャンペーンの用意

付加価値をつけて決断を後押し

クロージングの段階では、相手にとって決めやすい状態をつくってあげることが大事です。最も手っ取り早いのは「値引き」ですが、金額を下げなくとも、何らかの特典をつけるという方法もあります。

たとえば、「今、契約すれば1ヶ月間無料です」などの特典を提示する方法があります。そのような条件を示すことによって、相手に今決めることのメリットを提示し、背中を押します。そうすることでお客様が「今、決める理由」を提供できます。

どのような場面でも、**値引きはしないに越したことはありません。**値引きが自社にとってプラスになることはありません。ただ相手の立場を考えたとき、「価格が……」という言い訳をなくす武器を用意するのも営業の責務です。

一方で、闇雲に値引きしてしまうと不利益を被るだけなので、あえて「キャンペーン」という言い方をし、「今月はキャンペーン中なのでお得です」といった提案をします。それで相手が決めやすくなるのなら、交渉の武器として積極的に活用しましょう。

たとえば11月の段階で、交渉が年明けまでダラダラ続きそうな気配を感じたら、「今決めていただければ、11月と12月、今年中のご使用は無料にします」と提案するのもありです。本格的に使うのは年明けだとしても、決断を前倒しさせてあげることも、サービスの一環となります。

クロージングの武器としてのキャンペーンは露出の量に注意です。「最初から値引きできたのでは？」と疑われてしまうとマイナスです。いい意味で「後出しジャンケン」のカードのひとつとして持っておきましょう。

金額を下げるのではなく、契約期間を伸ばすなどの提案も有効です。**価格を下げ**

ずに「付加価値をつけてあげる」という発想です。何かを削るのではなく、**プラスオン**することを基本にしましょう。

たとえば、1年契約のものを18ヶ月に伸ばしたり、最初の2ヶ月間は無料で使用できるといった提案です。そのようなやり方であれば、原価を削ったり、新たに費用をかけたりすることなく、決断を促せます。

■キャンペーン内容の例

・初期費用のサービス

・最低契約期間を短く設定

・最低発注単価を下げる

・支払いの分割化

※いずれも期日を設けることを条件とするのがコツ
（「○日までに契約の場合」など）

売る権利を預かる

値引きの許容額を決めておく

クロージングで相手の背中を押すために、価格を含めた交渉がどの程度までできるのか、自分で決められるようにしておきましょう。そのためには、あらかじめ上長と相談し、決裁権（売る権利）を預かる必要があります。

内部統制上、**同じ会社の中でも、売る権利を持っている人と買う権利を持っている人が別々であることは多いものです。** たとえば、営業本部長は売る権利を持っていますが、買う権利を持っているとは限りません。

買う権利を持っているのは、購買部やマーケティング部などの責任者です。予算のうち、部署ごとにいくらまで使えるのか決められていることも多くあります。

営業マンが価格交渉ができるようになるには、事前に売る権利を持っておかなければなりません。もちろん、出世すればいくらでも権利を持てるのですが、プレイヤーの段階から交渉の武器として使えるようにするのがベストです。

たとえば、「このようなお客様がいて、すでにクロージングの段階なので、100万円以内の交渉は任せてほしい」「このお客様に関しては、価格も含めて交渉したいので、任せてほしい」などと上長に提案し、売る権利を預かるのです。

売る権利を持っていれば、それだけで交渉が有利に進められます。最終的には、価格交渉も含めた駆け引きができますし、付加価値を柔軟に付与することで相手の背中を押すのも可能です。だからこそ、売る権利が武器になるのです。

しかし、交渉はあくまでも相手との駆け引きです。自分が決裁権を持っていることを、ことさらに示す必要はありません。むしろ、**売る権利を持っていることを知ったら、相手はその場の意思決定と引き換えに値引きを迫ってくるかもしれません。**

そこで、「**このような条件であれば上長も納得してくれると思います**」などの言い方をします。そうすれば、相手が承諾する条件を引き出しつつ、いざというときはこちらから断れるので、有利な立場になれるのです。

電卓

見積もり提出スピードは誠意

電卓は、受託開発や請負型のサービス販売時など、価格がオーダーメイドで決められるときに重宝します。ここで重要なのは、できるだけ早く見積もりを提示するということです。

見積もりを用意するスピードが遅くなればなるほど、契約に至る確率は下がります。極端な話、「会社に戻って見積もりをつくります」と言っていた営業マンが、1ヶ月たっても見積もりを出してこない場合、誰も契約したいとは思わないでしょう。

1ヶ月は極端かもしれませんが、1週間よりは3日、3日よりは翌日、翌日よりは当日に見積もりを出したほうが、相手は決断しやすくなります。そこで、**「正式な見積書は帰ってから提出しますが、僕の見立てでは500万円前後かと思いま**

す」と概算を示せるよう準備しましょう。その武器が電卓です。

そのように伝えられれば、相手としても、「では、その金額で上長に確認してみます」などと、次のアクションが取れます。

たとえオーダーメイドであったとしても、単なる肌感覚ではなく、ちゃんとした計算式があるはずです。もちろん経験則もありますが、**基本となる公式を確認しておけば、どのような状況でも概算を提示することは可能でしょう。**ほとんどのクロージングでは、概算金額を出してしまったほうが契約に至りやすいと言えます。

お互いの情報格差が大きい場合は、あえて金額を提示しないことで、相場より高く受注できることはあります。世間的に相場が知られておらず、閉鎖的な業界であればなおさらです。ただ、そのような業界は限られていますし、今は調べればすぐにわかる時代です。

なるべく早くおおよその価格を提示してあげることはお客様への誠意です。早く見積もりを出すことが、人としての信頼材料となり、今回だけでなく今後の付き合いにもつながりやすくなるでしょう。

料金表

相手の反応を得られる武器

オーダーメイドの商材などでは、見積もりを交渉の武器にすることもできますが、反対に、あえて料金表を先に出すのもひとつの方法です。特に、毎回見積もりが必要な商材ほど、料金表をつくってあげたほうがスムーズに進みます。

当然、人件費などの流動的な費用も含まれるのですが、**「大きく3つのパターンがあります」**などとわかりやすく提示できれば、交渉の手間を減らせます。また、いちいち見積もりをする必要がないため、スピードが速くなります。

事前にいくつかのパターンを示すことができれば、それらをベースとしつつ、「それ以外の場合は要相談です」と言うことができます。パッケージ化しているため、相手に無駄な思考を入れさせることなく、決断を促すことが可能です。

また、料金表を事前に提示してしまえば、「我々のビジネスはこのくらいの規模感です」と伝えることができます。

たとえば、僕が従事している営業代行であれば、月額45万〜100万円程の単位で事業を展開しています。なかには「成果報酬でお願いします」と言うお客様もいるのですが、マーケティングコストを先出しているため、先にお支払いいただくようお願いしています。そのときに、料金表を提示しておきます。

料金表を見せたとき、「それでは詳細を詰めましょう」となれば、相手がその気になっているとわかります。あるいは「うちはまだ早いです」と言われたら、タイミングが合わないと考えて切り替えます。

その点において、**用意しておいた料金表を見せたときの反応が、ひとつの線引きになる**と考えてもいいでしょう。相手の本気度を見定める指標として、見積もりが必要な場合でも、あえて料金表を活用してみてください。

ただし、事例集と紐付けて「この場合はいくら」と情報を出し過ぎてしまうと、相手にツッコミどころを与えることになります。お客様の決断進行を邪魔しないためにも、料金パターンを絞りつつ、「場合によっては要相談」としておきましょう。

2本のペンと朱肉

あえてＢ ｔｏ Ｂで使いたいツール

Ｂ ｔｏ Ｃの保険営業マンがよくやる手法に、「2本のペンを用意する」というものがあります。あらかじめペンを2本用意しておき、自分が必要事項を記入したうえで、**お客様に「こちらにサインをお願いします」と言ってペンを渡す**ものです。

この手法を、あえてＢ ｔｏ Ｂでも行なってみてはいかがでしょうか。Ｂ ｔｏ Ｂでは、あまりサインすることがありません。そのため、自分用のペンしか持っていない人も多いのですが、ペンと契約書を用意して「どうぞ」と渡せば、クロージングの武器になります。

保険や自動車、不動産契約の場合は、サインや押印に馴染みがあるかと思います。そのような業界では、予備のペンや朱肉を持っておくのは基本です。契約時のお客様の負担を減らし、その場でスムーズに契約を締結してもらうためです。

一方でＢｔｏＢでは、発注ベースで物事が進むことも多く、**あえて契約書を書いてもらうという動作が、クロージングを後押ししてくれます。**契約書を交わすということは、お互いに覚悟を持って仕事をするという意味を含むためです。

契約を交わすタイミングとしては、ある程度話が詰められて、「じゃあ、やりましょう」と相手が承諾した瞬間です。そのときに「そんなこともあろうかと、契約書を持ってきました」と言い、ペンと一緒に提示します。

その際に「キャンペーン期間中なので、ぜひ今日中にお願いします。郵送だとお手間をかけてしまうので、この場でどうぞ」と言えば、自然にサインしてくれるでしょう。

ただし、経営者や代表者であればその場でサインできますが、担当部長レベルでは自分で判断できない場合もあります。そのようなときは、相手の役職と権限を見極めながら、サインしてもらえるかどうか判断してください。

100件の見込み客リスト

今、決まらなくてもよい状態をつくる

クロージングの極意は、クロージングしないことにあります。つまり、**「お客様が自ら決めてくれる状態」を構築する**のがベストです。営業マンの側から無理に詰めなくても、自然に契約してもらえるのが理想です。

営業マンが次から次へと説明を重ねて「どうしますか？」と迫るより、必要事項を提示したうえで「後はお客様次第です」と言ったほうが、健全なクロージングとなります。ただそのためには、営業マンとして心の余裕を持っていなければなりません。

心の余裕は、営業マンのメンタルによって左右されます。極端な話、「この会社が決まらなくても大丈夫」と思えるのなら、自然と余裕が生まれます。メンタルが

健全であれば、無理にクロージングすることもなくなります。

一方で、「この会社が決まらないと会社に戻れない」という状態になっていると、その心理状態が悲壮感を生み、無理なクロージングにつながります。そうなると、本来はお助け人である営業マンが、お願いするだけの人になってしまうのです。

お願いするばかりの人は、最もよくない営業マンの典型です。お客様にも「この会社に任せて大丈夫かな？」と不信感を持たれてしまいます。**商品やサービスに自信があるのなら、無理にお願いするはずはないからです。**

そこで、心理的な余裕を持つために、「見込み客リスト」を持っておきましょう。見込み客リストがあるということは、それだけお客様を抱えていることになります。契約してくれそうなお客様がたくさんいれば、特定の人に無理やり契約を迫る必要もありません。それが、心理的な余裕ということです。目標は100件です。

クロージングをするとき、見込み客リストの存在を思い出して「今、ここで無理に決めてもらわなくてもいいんだ」と考えれば、冷静になれます。他のお客様がたくさんいる状況をつくり、余裕を持ってクロージングするようにしましょう。

6章

謝罪の武器

スピード

すぐに「ごめんなさい」を伝える

謝罪は「スピード命」です。ビジネスでもプライベートでも同じですが、1分1秒でも早く「ごめんなさい」と伝えることが何よりも大事です。その際、必ずしも丁寧な文章などを用意しなくても構いません。

謝罪の際に伝えるべき言葉としては、**「ごめんなさい」**以上のものはありません。「大変失礼しました」や「申し訳ございません」という言葉は仰々しく、どこか他人行儀感が伝わってしまい、逆にいらつかせる原因にもなります。

謝罪の気持ちをストレートに示したいのであれば、「ごめんなさい」を使いましょう。特に肉声で伝えられれば、心の底から謝っているという真意が伝わりやすく、相手にもプラスの印象を与えられます。

スピードを重視するということであれば、まずは電話です。メールやチャットが全盛の昨今では、電話をかけることによって緊急性がある内容だと伝えることができますし、**たとえ相手が出られなかったとしても履歴に残ります。**

電話で「ごめんなさい」と伝えた後は、できるだけ早く会ってきちんと謝罪しましょう。電話での謝罪はスピードを優先することであり、会って謝罪するのはこちらの誠意を伝えるものとなります。

僕の経験ですが、部下のミスを謝罪するとき、すぐに予定が組めなくて「来週の木曜日でいかがですか?」と言ってしまったことがあります。するとその相手は「本当に謝る気があるのか?」と怒り、火に油を注いでしまったことがありました。

それでハッとした僕は、夜のうちに謝罪に出向き、何とかことなきを得ることができました。そのときに言われたのが、**「本当に申し訳なく思っていたらすぐに来るはずだ」**という言葉です。

状況を把握してから謝罪したいと思うこともあるでしょうが、姿勢として、できるだけ早く謝ることで大炎上を〝小炎上〟に防ぐことができます。電話での「ごめんなさい」と対面での謝罪を可能な限りスピーディに行ないましょう。

代替策

謝罪ではなく成果が求められている

謝罪の言葉は「ごめんなさい」が最適ですが、謝るのと同時に、マイナスの補填分をどう埋めるのかを示すことも大事です。つまり、**ミスを挽回するための「代替策（補填案）」を提示する**ということです。

「ごめんなさい」で解決するならそれに越したことはありませんが、ことビジネスの場合、マイナスが発生しているケースも多くあります。実際のマイナスが発生していなくとも、機会損失が生まれているケースがあります。そこで、マイナスを補填するために、具体的なプランを用意してから謝罪に臨みましょう。

「とりあえず謝罪」に行くと、その場で「それで、どのように責任を取ってくれるの？」という話になったときに困ります。「このような代替策を用意してきました」

と言えれば、建設的な議論を展開できます。

相手としても、謝罪を受けたことで感情的には許していても、実利としてのマイナスが発生していたり、予想されていたプラスが生めなかったりする場合、社内への説明があります。それについて、こちらから提案する義務があります。

具体的には、得られるはずの成果を得られなかったことを加味して、その期間の費用分を無料で提供したり、こちらのサービスにプラスオンするかたちでサービスを提供したりするなど、何らかの補填案を示す必要があります。

ビジネスにおける取引は、等価交換が前提です。**謝罪を受けて感情的に許すことと、損失を補填してもらうことは、別個で考える必要があります**。それは、自分が受注・発注どちらの立場であっても同じです。

誠心誠意、謝罪するのは大切なことです。ただ、代替策や補填案を持って行くことで、本当の意味でビジネスパートナーになれます。

実際に「太客」となるお客様とは、いくつかのトラブルは付き物です。付き合う期間や、やり取りの日数が増えれば、その分「失敗」も当然起こります。そんな有事のタイミングでの対応姿勢が、その後の関係に大きく影響します。

菓子折り

謝罪より成果

謝罪には「菓子折り」が不可欠だと思っている人もいるかもしれません。しかし必ずしも菓子折りが必要とは限りません。場合によっては、菓子折りを持って行くこと自体が、失礼にあたることもあるのです。

特にビジネスの場合、安易に菓子折りを持って謝罪に行くと、**「菓子で収めようとしている」と反発されてしまう**可能性があります。菓子折りを持って行くこと自体が、誠意を示すことになりにくいことを理解しましょう。求められているのは、謝罪ではありません。成果です。

有事の際、まずはきちんと謝罪をしたうえで、原因を追究し、代替策を検討し、損失を与えてしまった場合は補填するのがルールです。受発注の関係があるというのは、ビジネスパートナーであることの証明です。決して「下請け根性」を求められているわけではありません。

相手がそのような対応を求めているのにもかかわらず、ひたすら謝って菓子折りを渡そうとすると、ビジネスパートナーとして不足と感じさせてしまいます。だからこそ、相手は余計に怒ってしまうのです。

ちなみに、**菓子折りが有効なのは会食のとき**です。会食に招かれたとき、相手が予算を割いてくれる場合は、菓子折りを持って行って「みなさんでどうぞ」と渡すのが基本です。「ご馳走いただいた分のお礼」を、その場で形として渡せるため、お互い心理的貸借が相殺されます。

そのような場合はまだしも、謝罪のシーンで菓子折りを使うのはもはや時代遅れです。相手が何を求めているのかを考え、プロジェクトの成功から逆算した行動こそ、何よりの誠意です。

謝罪テンプレート

謝罪の言葉は「選ぶ」≠「考える」

メールで謝罪をする場合、ゼロから文面を考える必要はありません。「謝罪文」というキーワードでウェブ検索すると、いろいろな文例が出てきます。それらを参考にし、フォーマットに沿って文章をつくる方法もあります。

ゼロから謝罪文を書こうとすると、時間がかかります。誠意はスピードとセットです。時間をかけることでいいことはありません。感情が入り過ぎてしまったり、状況をよく把握していないのに社内の人間を批判したり、身も蓋もない内容になってしまう場合もあります。

相手に不快な思いをさせているのは間違いありません。そこで、**「なぜそのような事態が起きたのか」についてきちんと原因を分析し、解決策を提示しなければばな**

りません。それも含めて、謝罪文に記載するべきです。

「怒り」という感情に対しては謝罪でいいのですが、その先にある「何が原因か」「誰が悪いのか」まで踏み込んで示すには、必要な情報を正しく提供する必要があります。そのために、先人の知恵であるテンプレートを活用しましょう。

謝罪のテンプレートにはパターンが存在します。シチュエーションはもちろんのこと、相手の立場や役職、年齢などで、最適な文面に工夫することができます。

相手が知りたいのは、なぜトラブルが起こってしまったのかということと、それを防ぐために今後、何ができるのかということです。それを端的に述べるのが、ビジネスコミュニケーションにおける謝罪です。

よくよく調べてみると、どちらにも否があるというケースは少なくありません。そこで重要なのは、ただすべての否を認めてしまうのではなく、定型の謝罪をまず行なったうえで、調査は別で行なうということです。

苦心して文章を考えるより、**テンプレートに沿ってまずは謝罪したほうが得策**です。若手社員ほど、自分で文章を考えようとしてしまいがちですが、若手こそ定型文を使って文章を組み立てるようにしてください。

経緯報告書

謝罪に感情は不要

謝罪の際に使用する「経緯報告書」についても、オリジナルでつくる必要はありません。基本的なルールとしては**「事実のみを書く」**（解釈ではない）こと。それだけを厳守し、あとはフォーマットに沿って書いていくだけです。

たとえば、「この業務はまだ着手したばかりで……」「不慣れであったために……」などと書かれていても、お客様には関係ありません。また、「家族の介護が大変で……」「少し気持ちが浮ついていて……」などと書いてあったら、相手は何も言えなくなってしまいます。

そのような個人的な情報は抜きにして、テンプレートに沿って、事実だけを理路整然と書くようにしましょう。具体的には、「何月何日何時にこのような事態が発生しました」「それに伴い、このような対応をとりました」「ミスの原因は○○でした」などの情報です。

事実だけを整理すれば、自分自身が客観的に状況を把握できます。改善策を整理し、きちんと謝罪していれば、事実以上に提示する情報はなく、**特にパーソナルな事情などを示す必要はありません。**

仕事でミスをしてしまったからといって、その人の人格まで否定されるわけではありません。ビジネス上のミスは、ビジネスの中でのみ問われます。その点については、過剰に心配する必要はありません。

■経緯報告書のポイント

○ **正しいフォーマット**

・事象
・原因
・対策

× **NG項目・行為**

・言い訳
・一方的な解釈
・過度な敬語
・謝罪の後まわし

謝罪文や経緯報告書についても、フォーマットに則り、粛々と記入すれば問題ありません。感情を入れる必要はありませんし、予想通りの成果を上げられなくても、その点に関してお詫びすればいいのです。

スポーツと同じように、試合に勝つこともあれば負けることもあります。たとえミスをしてしまったとしても、またチャレンジすればいいだけの話です。あくまでもビジネスの作法として適切に対処し、次に進みましょう。

オンライン自粛の必要性

逆の立場でどう感じるか

何らかのミスをして謝罪した後は、安易な行動は自粛するようにしましょう。特に重要なのは「オンライン自粛」です。たとえばSNSなどはプライベートで使うことも多いですが、特に謝罪後は、**投稿内容に注意が必要**です。

もちろん、ビジネスとプライベートは別のものです。SNSの利用に関しても、プライベートであれば干渉されるべきではないと考える人もいるでしょう。しかし、**相手は人間であり、感情の生き物である**ということを忘れてはいけません。

もし、昨日まで謝罪していた人が、翌日には友人・知人とはしゃいでいる姿をSNSにアップしていたらどうでしょうか。少なくともそれを見た関係者は、「反省していないのでは？」と不信に感じるでしょう。

そのような事態を避けるために、しばらくはオンライン上でも自粛することが大切です。金曜日にトラブルがあり、月曜日までに改善案を示せていないにもかかわらず、土日に旅行に行った写真をSNSにアップすれば、反感を買うのは当然です。誰もが仕事とプライベートを切り離して考えられるわけではありません。**相手の立場に立って、投稿を自粛しましょう。**

このあたりの配慮は、一般的なマナーとして当たり前のことです。社会人経験が長い人であれば、自然とわきまえていることなのですが、若手社員の中には「SNSならプライベートだから大丈夫だろう」と思ってしまう人もいるようです。

たしかに、会社や取引先がプライベートのことまで口出しするのは不自然ですが、少なくとも、見た人が不快感を覚えてしまうようなことは、厳に慎むべきでしょう。

SNSなどのオンライン上の情報は、いつ、誰が見ているかわかりません。

たとえ悪気がなかったとしても、謝罪した後に羽目を外して、それをSNSにアップするような行為は避けてください。せっかくの謝罪が、意味をなさなくなってしまいます。謝罪の後は、オンラインも自粛しましょう。

7章

再訪問するための武器

チャットツール

コミュニケーションの履歴が信頼をつくる

普段のコミュニケーションを再訪問につなげるには、「チャットツール」が活用できます。よく使われているものとして、Chatwork や Slack、LINE などがありますが、いずれもポイントとなるのは**「やり取りが連続的である」**ということです。メールや電話などの場合、その都度、やり取りが分断されてしまいます。そこで、やり取りに連続性を持たせるために、チャットツールでグループをつくっておきましょう。グループをつくれば、過去のやり取りまで遡ってコミュニケーションを取ることができます。コミュニケーションが連続的になると、「これまでのやり取りを見逃していました」というような事態は起こりません。

また、たとえグループをつくっていなくても、チャットツールでつながっていれば、その後のやり取りが徐々に蓄積されていきます。**コミュニケーションの歴史が、やがて信頼を醸成し、相互の関係性を深めてくれます。**

たとえば、幼少の頃から付き合っている友人というのは、交友関係に歴史があるため、信頼関係ができています。歴史が信頼をつくると考えれば、最近になってやり取りをはじめた相手と、昨年からやり取りをしている相手とでは、信頼に差がついているのは当然でしょう。

それは対面の関係性が構築されている場合に限りません。チャットツールでコミュニケーションを取った過去があれば、信頼関係の基礎はあるのです。

そのため、**SNSなどでつながったら、少なくとも1回はやり取りをしておくこと**が大切です。「お世話になっております」「今後ともよろしくお願いします」などの挨拶をするだけでも、コミュニケーションの記録として刻まれるためです。

もし、後になって連絡するときがあれば、双方のコミュニケーションは前回の挨拶から続くかたちになります。つまり、初対面としてではなく、知り合いとしてやり取りができるのです。まだ対面のコミュニケーションがないときにこそ、そのような関係構築の下地をつくっておきましょう。

名刺管理ツール

人脈を保つために活用

コンタクトを取ったけれど次に発展しない人や、チャットツールでつながったけれどチャットできていない人に対して、アプローチできるのがEightなどの「名刺管理ツール」です。名刺管理ツールを使えば、連絡を取るタイミングがつかめます。

たとえばEightでは、タイムライン等で、相手の名刺が変わったタイミングをチェックできます。**名刺が変わるタイミングとしては、昇進、異動、転職など**が挙げられます。**そのときこそ、連絡を取るチャンス**です。

どのような人が相手でも、やはり再訪問にはきっかけが必要です。そのきっかけをつかむには、名刺の内容が変わった瞬間、つまり昇進・異動・転職などのタイミングは押さえておきたいところです。

誰しも、昇格したタイミングで「おめでとうございます」と言われれば、悪い気はしません。そのようなちょっとした挨拶から、再訪問のアポイントを獲れれば、突破口が開けるかもしれません。たとえそうならなくても、連絡を取ること自体に意味があります。

たとえるなら「種まき」のような発想と言えるかもしれません。すぐには取引関係にならない相手でも、きっかけをつかんで連絡を取れば、やり取りが記録されていきます。その記録が、数年後に開花することも多いのです。

普段から人脈を動かしておくと、連絡が取りやすくなります。こちらが営業したいときにだけ連絡を取るのではなく、日頃からＳＮＳの投稿にリアクションするだけでも、存在を意識してもらうことはできるのです。

人脈とは、文字通り「脈」のようなものなので、そこに血をめぐらせる必要があります。つながってすぐ、少なくとも1往復は何らかのやり取りをしておきましょう。名刺管理ツールには、そのためのきっかけがたくさんあります。

別の話題

「あなたのため」の新しい情報

営業マンが再訪問したいと思うときは、何らかの売りたい商品やサービスがあるはずです。しかし、ただ「商談したいです」だけだと、「前にも紹介してもらったから」「今は間に合っています」などと断りやすくなってしまいます。

そこで、**別の切り口でアプローチする**ようにしましょう。具体的には、これまでとは違うかたちで提案します。たとえば「あなたに紹介したい人がいます」など、新しい提案をするのです。

そのような提案でアポイントを獲れたら、そこから「アップデートして、お客様が増えています」「競合他社も利用しています」「実は、前回も紹介させていただいた商品なのですが……」などと、営業につなげることができます。

再訪問するための切り口は異なっていても、**一度アポイントが獲れてしまえば、そこから可能性が広がります。そのための間口は、広ければ広いほど望ましいのです。**いつでも別の話題を準備しておきましょう。

再訪問のときに重要なのは、**「あなたのために情報を持ってきました」**という姿勢です。「実はこのたび、転職することになりまして……」などの話題では、「どうせいろいろな人に言っているのだろう」と思われてしまいます。

そうではなく、「あなたに紹介したい人がいます」と、その人のために情報を持ってきたというスタンスを取りましょう。「あなたのため」を強調できれば、再訪問する特別な理由になります。

具体的には、「あなたのために新しい商品を開発しました」「あなたのビジネスに類似した事例がありました」などに加え、「あなたのことを思い出したので連絡しました」などでも構いません。名指しする理由があれば、それでいいのです。

その際には、お互いの交友関係をきちんと提示できると望ましいでしょう。相互の関係性が深ければ深いほど、再訪問する理由がつくりやすくなります。

相手に対して特別感を演出するために、「あなたのため」を強調しましょう。

個人の思い

営業だから来ているのではないことを伝える

再訪問するときに限りませんが、売りたい商品やサービスとは別に、相手に伝えたい「個人の思い」があるとベストです。具体的には、**自分が人生の目標にしている事柄**などを披露できると、相手に興味を持ってもらいやすくなります。

たとえば僕の場合、「学問をつくる」という目標があります。この目標が日に日にアップデートされていて、夢の実現に少しずつ近づいています。そこで、「夢の話をさせてくれませんか?」と伝えてアポイントを獲ると、ほとんどの人が興味を持ってくれます。

そして「営業を高校の必修科目としてつくることができました」「ビジネス実践講座という内容になりました」「実は、スポンサーが必要でして……」などと話を進めていくと、営業活動にもなり、他のアプローチも可能となります。最も大きいのは、その機会を利用して、自分自身のミッションやビジョンを伝えられるということです。イメージとしては、**「遠い未来を一緒につくっていく仲間として定期的に話をしましょう」**という関係性の構築です。

そのような関係性をつくれれば、再訪問は容易になります。前提として、しっかりとした夢を持ち、ミッションやビジョンを明確にし、それを語れるようにしておかなければなりませんが、準備をすれば誰にでもできる方法です。

「今月のノルマがありまして……」「とりあえず契約を取りたいです」など、目先の利益だけを求められると迷惑ですが、そうではなく、自分が何を目指しているのかをビジョンとして示せれば、その姿勢がちゃんと伝わるはずです。

「なぜ自分はこの仕事をしているのか」が伝わると、「この人なら会っても損じゃない」と思ってもらえます。そういう意味において、再訪問するための最大の武器は、**自分自身の生き様でありビジョン**と言っていいでしょう。

それを磨き続けていれば、相手から「この人とは仲よくしておこう」と思われるようになります。自分の生き様やビジョンは、営業活動にも大いに役立つのです。

定例ミーティング化

「悩みの共有＝チャンス」をつくる

再訪問できる関係性をつくるのに、最も手っ取り早いのは「定例ミーティング化」です。「毎週、決まった曜日にお話ししましょう」と決めれば、必ず仲よくなれます。ただ、話すネタがないこともあるため、「定期報告会」にするといいでしょう。

定期報告会では、**こちらからネタとなる情報を持っていく**かたちで、定期的に話す時間をつくります。つまり話のネタをこちらで用意し、毎週や隔週、もしくは月イチで対話する時間を設けます。そうすれば、「3回会う」ノルマはすぐに達成できます。

定例ミーティングを上手に使えば、関係構築の武器になります。提供するネタがないのであれば、「何か要望があればお聞かせください」などと質問するのもいいでしょう。そこから、次の課題が生まれるかもしれません。

継続的に受注するには、お客様から定期的に要望をいただく必要があります。少なくともサービス役務を提供している間は、定期的に会えるよう工夫しましょう。**要望をもらい続ければ、新しい提案もしやすくなります。**

まさに、定例ミーティングの強みはそこにあります。ほとんどの仕事は課題解決のためにあるのであり、「悩みの共有＝チャンス」です。その点、課題をもらい続けられる仕組みをつくることは、とても重要です。

ただし、忙しい相手の場合は、定例でのミーティングは難しいかもしれません。そのような場合は、タイミングを見計らって「ちょっとお伺いしてもよろしいですか？」と提案してみましょう。そのとき、すぐに日程を出せるようにしてください。

僕の場合は、**「下記の日程でいかがでしょうか？」**と、予定を先に送っています。来週、再来週の予定をEvernoteにメモしておき、それをコピーして貼り付けられるようにしておけば、スピーディにアポイントへとつながります。

忙しい人ほど、「いつ空いていますか？」と聞くと断られてしまうので、こちらから予定を送ってしまったほうがいいでしょう。

ナーチャリングYouTube

再訪問のきっかけづくり

ＢｔｏＢ営業における動画活用がうまくいかない理由は、ユーザー目線が足りないことです。テレビ番組級のクリエイターチームを用意して長尺の動画をパソコンサイズでつくっても、顧客はスマホで手っ取り早く事例を知りたいというケースがあります。音を出して聞くこと自体、面倒に感じられる傾向があります。ＢｔｏＢビジネス歴が長い人ほど、つくり手都合の動画になっていないか注意が必要です。

僕自身、YouTubeをビジネス活用しはじめたのが２０１４年。結婚式の動画制作がきっかけでした。**伝えたいイメージと言葉を組み合わせることで、人の心を動かせることに手応えを感じた**からです。当時、僕はサイバーエージェントに在籍しており、1ヶ月100件の訪問営業を続けていました。そこで、自分自身の説明動作を動画にして複製しようと試みました。たった100再生でも、100回営業していることと同義だと思い、動画のURLをひたすら顧客に送っていました。しかし、そう簡単にはいきませんでした。そもそも送った動画が再生されなかったのです。

要は、接点のない顧客に対し、「よかったら動画を見てください」とメールで突撃するのは、それが動画であってもホームページであっても、クリックしないものはしないということです。

しかし、うまく機能することもありました。それは**二次商談へのつなぎであったり、再訪問のきっかけづくり**という点でした。

最初から決裁者と出会うことができれば商談がスムーズに進む一方で、社内の別の担当者につないでもらう際、二次商談になかなかつながらないことがありました。しばらくして、その原因がわかりました。商談相手から、別の方をアサインいただく際に、伝言ゲームが発生しており、そこで誤った情報が伝わると、二次商談につながっていないということです。**その伝言ゲームの内容を動画にすることで、適切なパスが顧客社内で行なわれた**のです。それがナーチャリング（顧客育成）になったのです。現在も僕の会社では、営業の再訪問に効く武器として機能しています。同じ動画をSNSのフィードに上げたら反響も取れるのではないかと思い、チャレンジしてきましたが、ここは動画のつくり方によって反響数に差が出ます。

SNSのフィード上にアップする動画は、情報の圧縮が重要です。そもそも「スマホ」で「サイレント」の視聴環境が多いことを心得ておかないといけません。1秒間にどれだけの文字数・カット数を含められるかで、目に留まるか否かが決まります。流暢なオープニングトークなどは見る理由がないためスクロール（スキップ）されます。時間の長さよりも、長く感じさせないことが大切です。

株式会社NewsTVの提供する「Sales Video Analytics」（https://newstv.co.jp/）は、顧客に送付した動画がどこまで視聴されたか、何回視聴されたかなどの定量データを取得することができるサービスです。紙の資料、ＰＤＦデータだけではなし得なかった科学的な営業ができる時代になっています。

Instagram

価値観の接点を提供する

再訪問のきっかけづくりにInstagramが活用できます。Instagramに画像をアップするだけなら手間はかかりませんし、次に会ったときの話のネタになります。YouTubeのように動画をアップするのでもいいのですが、画像のほうが簡単ですし、特にInstagramは「フォロー・フォロワー関係」をつくれるのが強みです。お互いにフォローしていれば、双方の投稿をチェックできます。

「プライベートアカウントだから……」としり込みする方もいるかもしれませんが、ビジネスで使えるのに使わないのはもったいないです。ビジネスも含めてプライベートが成り立つ時代です。

僕もお客様のInstagramをフォローしているのですが、フィード上に出てくるため、自然と見る頻度が高くなります。それらをチェックしていると、**相手がどのようなことに関心があり、普段は何をしているのかがわかります。**

よくあるのは、お子さんの写真を載せていたり、食事の内容を載せていたりするものです。そのようなプライベートの情報は、再訪問の際のアイスブレイクとしても使えますし、そこからきっかけをつかめることもあるでしょう。

Instagram でオススメなのが「いいね」機能です。**「いいね」を押せばダイレクトに相手へ届きます。**リアクションがつながりを保つことに貢献します。

過去に契約が終了しているお客様に対しても、Instagram で「いいね」を押すことにより、新たなつながりに発展することがあります。ある意味で CRM(Customer Relationship Management：顧客管理）のような使い方が可能なのです。

投稿する場合は、ビジネス以外のテーマを選ぶようにしてください。写真がコンテンツの中心なので、趣味やプライベートに親和性が高く、ビジネス情報の発信には向いていません。たとえば、ペットや料理の写真をアップすると、「趣味が合いますね」「あそこには行きましたか？」などと、話題が広がるかもしれません。そこから「またご挨拶させてください」など、再訪問のきっかけが生まれます。

8章

オンライン商談の武器

アポの理由

定型文を100回送信する

「アジェンダを事前にお知らせいただけますでしょうか」

昨今、これまで以上に、商談における「事前準備」が求められる時代になりました。つまり、**用件が不明確なアポイントが獲りづらい時代**になりました。

これまで僕は、用件がないまま会いに行って、ディスカッションさせていただく中で提案内容が決まったり、ご紹介が生まれたりなど、一種のセレンディピティのような偶発性を、アポイントの中に見出してきました。それはそれで楽しかったのですが、時代は変わりました。**アポイントに理由が不可欠な時代**になりました。僕自身も、アポイントの打診を受けたときには、「アジェンダを事前にお知らせいただけますでしょうか」と聞くようになってしまいました。

逆に、**理由があればアポイントを獲得しやすい時代**になりました。

SNSやビジネスマッチングサービス、オンライン名刺サービスなどのデジタル普及により、企業名、担当者、個人に直接アクセス、アプローチできる環境にあります。しかし、これまで未接点の相手に初めて連絡を取るのは、心理的にも高いハードルがあります。いつ連絡を取ろうが「突然のご連絡」となってしまい、アプローチの文面を考えるのも一苦労です。

そんな時の武器が「定型文」です。これを相手が持っているであろう課題や悩みごとに複数持っておくのです。それだけで新規アプローチのハードルは下がります。

1社1社、一人ひとりに丁寧にメールを打つのは、2回目以降のやり取りにしましょう。**初っぱなのコミュニケーションでは、文面が重過ぎると相手が返答しづらいものです**。定型文であることが伝わってしまっても、相手が課題や悩みを抱いていれば商談の時間を取る立派な理由になります。

商談のチャンスは確率論なので、新規送信件数を指標にしてみましょう。

事前準備

オンライン商談三種の神器

オンライン商談の3種の神器は「目次」「資料」「質問項目」です。移動時間がかからず、分単位で商談やミーティングを続けていると、事前準備のリズムができない場合があります。そんなときのためにこの3つを念頭におき、普段から準備しておくとよいでしょう。

●目次

商談の構成を事前に示しましょう。時間配分はケースバイケースです。話の順番をお互いが共有していると、**議論の収束に向けて相手と協力関係をつくることができます**。オススメは、商談の種類ごとに目次項目を辞書登録しておくことです。僕の場合、「アジェンダ」と入力すると、新規商談用（流入経路別）、クロージング用、採用面接用などで目次項目が表示されるよう準備しています。

●資料

商談に使う資料を相手にわかりやすくシンプルにつくることです。わかりやすい資料を使うことで、オンライン商談の質を上げられます。

オンライン商談では、資料による訴求が成約につながる大きな要因となります。資料のつくり込みによって、営業担当の説明にかかる負担を減らし、営業担当の属人性を平準化することにもつながります。

わかりやすい資料をつくるためには、**「1スライド1メッセージ」でビジュアルメインにつくる**ことです。1ページの文字量を多くしないことは、オンラインでなくても同様ですが、オンライン商談では、より顕著に相手の集中力に影響を及ぼします。資料の品質＝営業力と言っても過言ではありません。

僕の会社では、ひとつの資料づくりに約10万円程度の費用をかけてプロに任せています。それくらい重要なコンテンツだと位置付けているからです。

●質問項目

オンライン商談では、質問することが生命線です。質問がないと、YouTubeと何も変わらなくなります。特に、商談の最初に質問することは、**相手に「自分ごと化」してもらう**ために重要です。

画面を見てうなずくことがしばらく続くと、人間誰しも集中力が切れてしまいます。オンライン環境下では、相手が別の仕事やチャットツールで別の人とコミュニケーションを取ってしまうことも可能です。

質問は、相手の情報収集の意味合いもありますが、それ以上にこの商談に集中してもらうためのものであることを理解してください。オンライン商談は、リアルに比べて明確な内容のやり取りが求められます。

オススメは前述した「辞書登録」です。僕の場合、「ヒアリング」とタイプすると、商談フェーズごとの質問項目が表示されるようになっています。特にZoomなどを活用する場合は、**チャットを使って質問項目自体を相手に示す**と、相手がそれに対して答える状態になり、商談がスムーズに進められます。

ネット環境

デジタル時代の必須項目

オンライン商談を行なうにあたっては、その場の環境整備が重要です。それには次の3点がポイントです。

●インターネット通信環境

オンライン商談中、回線が途切れて大丈夫なのは、信頼関係が出来上がっている人同士のみです。

初対面の場合、通信環境の断絶が、関係構築のうえで致命傷になりかねません。事前の環境確認ができていないと見なされてしまう可能性があります。

それ以外の資料準備などが完璧であっても、コミュニケーションがうまく取れないというのは、本能的に自分との**コミュニケーションを面倒臭く感じさせてしまいます。**

また通信環境のせいで、やり取りに時差が生まれることがあります。特に、カフェや公共施設での Wi-Fi は要注意です。同時に複数人がオンライン商談をすることを想定していないため、回線が強くありません。地下も注意が必要です。

オフィス環境であれば、複数の回線を用意するか、普段の回線の混雑具合を把握しておくとよいでしょう。顔出しをなくすなどの工夫も有効ですし、画面共有の必要がなければ電話でもいいです。

「もう一度、お話してもらってもいいですか？」を、何度も言うと相手が不快に感じます。これはリアルの場面でも同様です。インターネットの通信環境のせいにせず、自らの責任で環境整備や確認を行なうことがプロとしてのマナーです。

●商談場所

オンライン商談ではＰＣやスマートフォンの準備に加えて、商談場所の通信環境が整っていることも重要です。**フリー Wi-Fi があるからといってカフェでミーティ**

ングをしていたら、回線が不安定で、商談を中止せざるをえない状況になることもあります。セキュリティ的にも、褒められたものではありません。

オンライン商談は、よくも悪くも場所を選びません。カフェやコワーキングスペースなど、不特定多数の人が利用する場所でも商談ができてしまいます。問題ないと思っていた普段使いの穴場のカフェが、会議当日に限って満席で大賑わい……という可能性もありますので、商談の場所選びには配慮が必要です。

●相手の通信環境とリテラシーの確認

オンライン商談では、相手の通信環境のトラブルにより思わぬ時間超過になるリスクがあります。事前準備段階では、自分の通信環境だけでなく、事前に相手の通信環境も確認しましょう。

「商談開始」という段階で、思わぬ通信トラブルを相手先が発生させる可能性も少なくありません。商談時間の大半が通信トラブルからの復旧にかかってしまったり、商談中止になったりしないように、**相手先の通信環境（回線・デバイス端末・OS・使用ブラウザなど）をメールで確認しておく**ことが必要です。

オンライン商談ツールは、ＰＣをメインのデバイスとして作成されていますが、外出先での需要に応え、タブレットやスマートフォンなどのモバイルデバイスにも対応しているサービスも少なくありません。

パソコンの場合とモバイルの場合で、利用可能な機能が異なることがあるので、相手のデバイスや通信環境を事前に確認しましょう。

提案する側の作法

オンライン商談の基本のキ

オンライン商談の際には、主催者が会議用のURLを発行して参加者と共有する必要があります。アポイントが獲得できた安心感から、ついつい、先方にURLを送信するのを忘れてしまった……などということが起こらないようにしましょう。

リアルで言うところの「御社のオフィスにお伺いする」のか、「弊社会議室を押さえておきます」なのかの違いですが、オンライン商談では、**一般的には提案する側がURLを用意する**ほうが無難です。

オンライン商談は、打ち合わせの移動時間がないため、スケジュールを組みやすいことがメリットです。しかし、スケジュールが組みやすい反面、**リスケ（キャンセル）もされやすい**デメリットがあります。リスケ防止のための対策として、先まわりして**リマインドメール**を送りましょう。アポ段階から、事前確認メールを送ることを組み込み、相手とのコミュニケーションを密にすることが必要です。

またアポ段階において、念のために**緊急連絡先を交換**しておきましょう。商談直前に緊急事態が発生したり、デバイスの通信トラブルなどにより切断されることも考えられます。メッセージツールでやり取りをしている場合は、署名の箇所に携帯番号を添えておくか、「緊急連絡先」を明記しておくなどをおすすめします。

その他、オンライン商談はリアルの商談と比べて集中力が欠如しやすいのが特徴のひとつです。もしかしたら、相手は1日に数件の提案を社内外から受けているかもしれません。相手の集中力がなくなるのもこちらの責任であると認識し、相手の目を覚ますような工夫が求められます。

そのコツは、シンプルに「**相手に語らせる**」ということです。突飛なことをしたほうがよいというわけではありません。相手に**自分ごと化してもらう工夫が、相手への配慮**となります。人は、自分の言葉に説得されるのです。

適切な声のボリューム

機密事項は絶対に漏らさないという配慮

商談内容は、密閉された空間でない限り、**筒抜け**であると心得ましょう。

リアルの商談でも同様ですが、特にオンラインの場合、イヤホンなどをすることが多いため、商談が盛り上がると、自分の声の大きさと、周囲の環境音とのバランスがわからなくなりがちです。声の大きさは、オフィスの中でもマナー的な配慮が必要ですが、**商談をオフィス外の環境で行なう場合は、機密情報漏えいの危険もあるためより注意が必要**です。

僕の会社のオフィスは、東京の恵比寿にあります。周辺のカフェでは、オンライン商談を行なっている人の数が増えている印象です。電話と違い、画面に没入しているため、かなり大きめのボリュームで会話されている人も散見されます。時勢柄、仕方ないと思いつつ、僕の知人が経営する会社のことやその事例などが堂々と話題にされている現場を目の当たりにすると、複雑な気持ちになります。同時に、自分の会社もこうして意図しないかたちで情報が出まわってしまうことに危機感を覚えます。

かといって、小さな声で話して商談相手にとって聞きづらくなってしまったり、自信がないような印象になってもよくないと思います。意思決定を伴う商談や採用面接では、言葉の内容以上に、音量の大小が影響を与えることもあるからです。

周囲の環境やセキュリティに配慮が必要です。

テレワークや在宅勤務の場合は特に注意が必要です。**重要な商談で雑音が入ったりすることのないように注意し、機密情報をカフェなどのオープンスペースで話すことがないように**メンバー間でルール化することもオススメします。また、個室スペースを活用するなどのコストをチーム内で事前に許可を取っておくこともオススメです。

カメラ映り

相手にどう映り、どう聞こえているか

「相手から見た自分はどう映るのか」

この問いに答えることは、営業職としての基本です。オンラインに限った話ではありませんが、ことオンラインでは、画面越しのあなた以外の情報を与えることができません。見た目と音声の2点について、注意点をまとめてみました。

●見た目について

オンライン商談で相手が受ける第一印象のすべては、カメラに映る姿のみです。

企業の営業担当の**顔つき、視線、態度は、商談への「前向きさ」「期待感」などに影響**します。事前に「自分がどのように映っているか?」できるだけ客観的に確認

しておくことです。
カメラ映りの確認では、「自分の振る舞いを見て、商談相手がどのように反応するか」という判断基準で確認することです。うなずき方や、笑顔のつくり方などは、リアルの商談以上に影響力を持ちます。練習を積んでから本番に臨むことをオススメします。カメラ映りの事前確認をしないで商談本番を迎えた場合、逆光で表情がわかりにくかったり、照明が暗かったりすると、相手の集中力を阻害する要因となります。また、商談がスタートしてから、自身の髪型が気になり、パソコンを鏡代わりにして髪型を直すなどは、相手にとって不快です。

テレビタレントやYouTuberは当たり前のように行なうライトアップ。その姿自体が最初は慣れず、恥ずかしく感じる人も多いと思います。しかし、見た目の印象は想像以上に重要です。照明が明るければよいわけではありませんが、**顔がはっきり見えるだけで、信頼度は変わります**。相手の顔が画面越しに暗く映っていたり、ぼやけて見えると、商談の内容さえもぼやけてしまうことがあります。ライトを用意せずとも、自分の顔がはっきりと相手に見える位置を探して画面に向き合うこと

■オンライン商談で準備したいもの

●PCスタンド

視線が下を向いていると自信がなさそうに映る。パソコンやスマホのカメラを目線に合わせるために必須。

●ヘッドセット

大きな声で話すことはまわりへの迷惑になる。声を張らずに自然に話すために必要。

●ライト

特に自宅の電気だと暗すぎる場合が多い。USBでパソコンから電源を取れる便利なものもある。

●デュアルディスプレイ

特に数名と商談をする場合、パソコンの画面が商談ソフトでいっぱいになる場合もあるので（商談相手の表情を映すために、相手の顔を小さくしすぎるのは避けたほうがいい）、自分の資料を開くためにもモニターをもう１台準備すると安心。

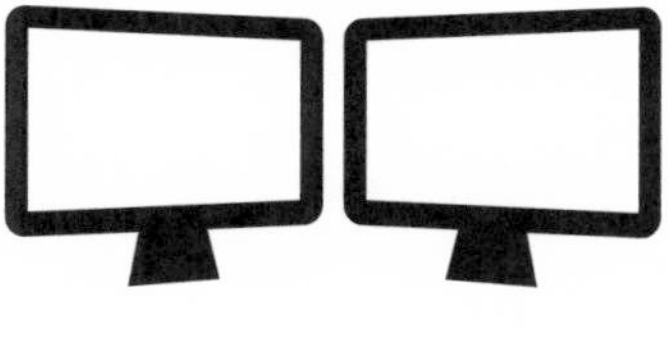

をオススメします。また、パソコンの画面の光を最大にするだけでも、自分の顔に光を当てられるので、調整することをオススメします。

●声の聞こえ方について

自分の声が、マイクを通して相手にどう聞こえているのかを確認しましょう。

パソコンのスペックによっては、純正のマイクとスピーカーの品質がよくないケースがあります。相手に自分の声がどう聞こえるのかを知ることは、オンライン商談に限らず、営業を行なう人間として必要な心構えです。

オススメはヘッドセット。マイクを別に用意するのもオススメ。注意点として、ワイヤレスのイヤホンの場合、1日中つけていると、電源が落ちてしまうケースがあるため、こまめに充電しましょう。

常に「相手がどのように思うか」という意識で先まわりすることは、オンライン商談を有利に運ぶことにつながります。

オンラインピッチ

ビジネス系ユーチューバーを師と仰げ

オンラインでのピッチ（短時間のプレゼンテーション）のコツは、**ユーチューバーになりきる**ことです。

コロナ禍で、ウェビナーが増えたことと同様に、オンラインピッチ会、オンラインプレゼン会が増えました。場所を問わず、移動時間を取らずに、企業紹介を行なえる場は貴重です。これまでは経営者交流会などがそれに該当しましたが、企業紹介や商品紹介が前提となったピッチ会の合理性は、ベンチャービジネスにとって非常に追い風で、今後ますます機会が増えることでしょう。

プレゼンテーションの基本は、僕がここで語る必要性は薄いと考えます。オススメはPREP法やTNPREP法などです。書籍以外でもウェブで検索すると、プレゼンテーションのテクニックはたくさん出てきます。

しかし、これらのノウハウは、実践できなければ意味がありません。この実践を感覚的に理解するのに最適なのが、ユーチューバーなのです。彼らはオンラインピッチの**「生きる教科書」**です。

僕自身もYouTubeに営業動画や研修動画をアップし続けて5年たちますが、リアルの研修とは明らかに手法やコツが違います。決定的な違いは次の3点です。

●時間感覚

オンラインピッチでは、60分のプレゼンテーションは無謀です。視聴する立場になるとわかると思いますが、強烈な睡魔に襲われることでしょう。オンラインで20～30分以上の説明コンテンツを、誰もが納得するかたちで成立させられるのは、国内でも数人しかいないでしょう。

その他のユーチューバーは、編集や演出などを巧みに盛り込んで、視聴者を飽きさせない工夫に予算をかけてつくっているか、超絶有名人かメディア露出が限りなく少ない著名人などだけです。

オンラインでのライブコミュニケーションは、視聴者側のコンテンツ移動が容易なため、コンテンツの魅力を高めることと、そもそも**集中力が保てる時間内に収める工夫**が求められます。

●1秒当たりの情報量

ユーチューバー特有の編集技術がジャンプカット。これを見慣れたことによって、視聴者は画面越しの情報コンテンツを**早口で聞くことに慣れてしまいました**。ビジネス系のYouTubeコンテンツだと、1・5~2倍速で聞かれることもよくあります。

これに慣れているリテラシーの高いビジネスパーソン相手には、ゆったりとした語り口だと、悪気はなくても、そのスピード自体に違和感を持たせてしまう懸念があります。つまり、スローモーションで説明しているのを、ただじっと聞かされる感覚に近いのです。

●表情・ジェスチャー、リアクション

いわゆる**「ワイプ芸」**です。

リアルでは嫌味に見えるようなリアクションでも、画面を通すと、さほど大げさに見えません。**オーバーリアクションに思えるくらいで、ようやく反応が伝わるのがオンライン環境**です。小さなうなずきや、ボソッと「なるほどですね」では、相手を不安にさせかねません。

その他にも、音声を途切らせないこと、プレゼンテーションに動きをつける（画面をスクロールするだけでもＯＫ）こと、話す音声のトーンを切り替えること、アクセントをつけることなど、視聴完了時間を延ばす工夫は多くあります。

しかし、一番実践的なアドバイスとしては、ビジネス系ユーチューバーをよく見てみること。この一言に尽きます。

商談フローの固定化

オフライン商談のメリットを活かす

オンライン商談をうまく進めるためには、「商談フロー」を固定化することがオススメです。具体例は以下の通りです。

【オンライン商談のポイントと流れ】

・「資料を出さず」に簡単な自己紹介やアイスブレイクの時間を5分取る

➡「コロナ大変ですね、いつからリモートワークですか？」

➡「Aさんのご紹介ですが、Aさんと私は〜〜の関係で知り合って……」

・今日の打ち合わせの目的のすり合わせ（何のための商談／面談か）

➡メリットと概要を最初に伝えて惹きつける

⬇「今日は御社のマーケティングコストを最適化するお話をさせていただこうと思っています」

・**商談の時間の使い方（進め方の合意）**

⬇「お時間は30分くらいいただいてもよろしいでしょうか？」

⬇「進め方ですが、最初に弊社とサービスの紹介を数分してから、御社の事業についてヒアリングさせていただき、その後、御社に合ったご提案ができればと思うのですが、よろしいでしょうか？」

・**「画面共有をON」にして資料で簡単に会社概要と事業説明（数分）**

・**「画面共有をOFF」にして、顔を映し、相手を見ながらヒアリングに移行**

ここが商談で一番重要な課題の合意をするところになります。相手を理解するために顔を見ながら対話しましょう。

・**課題がわかれば解決案を提案（再度、画面共有）**

⬇課題に合った提案書を共有しながら提案

・**クロージング&スケジューリング**

⬇聞き取れなかった箇所がないか、改めて確認をする

➡不安要素があれば解消する
➡決裁者ならクロージングで導入を迫る
➡担当者なら決裁フローの確認と次回アクションの期日の共通認識を持つ

日本においてオンライン商談は、まだまだ発展途上です。自身のスキルや理解が高まっても、相手ありきのことなので、お互いがオンライン商談をスムーズに行なえる状態になるまでは、もう少し時間がかかりそうです。

僕自身、コロナ禍では苦戦しました。対面だと、名刺交換↓アイスブレイク↓GAT（ゴール・アジェンダ・タイム）を示してから商談に入り込み、お客様との距離感もコントロールできていましたが、オンラインになるとなぜかうまくできませんでした。

オンライン商談は、情報交換がメインのため、人間関係構築には不向きです。次の商談、次の作業に1秒で切り替えられることが、お互いにできてしまうからです。リアルの商談なら、帰り道や、会議室から自分のデスクへ戻るときなどに、余韻を感じたり内容を反芻することがあります。しかし、オンラインの場合、それらが一切カットされます。

アイスブレイクによって感情の共有をし、お互いに笑顔が生まれても、簡単に裏切ることができてしまいます。ここに、オンラインとリアルを組み合わせることの必然性があるのですが、ここでは割愛します。

オフラインでもオンラインでも、セールスコミュニケーションのルールは共通です。

「お客様が知りたいことに応える」「お客様の悩みを解決する」、常にお客様の求めていることを把握しながら商談を進めることが前提です。それさえ果たしていれば、応用は可能です。

オンラインでの信頼関係を築くポイントは、合理的な関係を構築できるか否かです。お互いのやり取りが合理的であれば、関係構築がしやすいのがオンラインの最大のメリットであり、感情的関係構築が得意な人にとってはディスアドバンテージ（ハンデ、悪影響）になる点でもあります。

アフターフォロー

商談後に印象アップする方法

最後に、商談後の一手間で効果を上げるアフターフォローのコツを紹介します。

アフターフォローのコツとして、まず**商談後にお礼メール**を送ることがあげられます。オンライン商談後にお礼メールを送れば、商談での記憶が新鮮なうち（できれば当日中）に自分や商品の印象を強くできるでしょう。また、商談内容の反復効果も期待できます。具体的に商談後のお礼メールの内容を紹介しましょう。

- 商談内容を簡単にまとめた議事録
- 今後のアクションプラン

- 商談で提案した参考データ（URL・ファイルデータ）
- 期日の記載

オンライン商談ならば、商談中の議事録として、商談を録画した動画の共有もできます。商談の内容をおさらいするには、商談動画を確認すればよいので相手の手間も減らせるでしょう。

加えて、アフターフォロー時に重要なコツは、商談中に交わした約束への対応です。**商談時の宿題や検討課題について、迅速に回答する**ことが重要です。約束した回答が未解決の場合は、「〇〇の件については〇月〇日までに回答します」と返信することにより、相手からの信頼を確保することができます。

オンライン商談の場合は、持ち帰った課題や宿題を動画コンテンツで送ることが可能です。一度、画面共有で商談した経験から、**「質問への回答動画」**をつくって共有することは、親近感を高めることになります。動画コンテンツを活用したアフターフォローは相手に強い印象を残すでしょう。

オンライン商談の落とし穴として、議事録と商談進行の両立があげられます。相手との商談中、議事録として内容のメモを取ることに神経を張りめぐらせてしまうと、本題の商談がおろそかになってしまいます。そこで僕の場合は、パソコンに打ち込むのではなく、手書きのメモを別で用意して商談に臨むことが多いです。パソコンとの距離を保ち、メモしている動作が相手に伝わるためです。

オンライン商談では、ボイスレコーダーなしに通信ツールで録音ができ、またAIを活用して自動で文字起こしをしてくれるツールもあります。そうしたツールを使えば、「言った」「言わない」のトラブルを避けることにもつながり、議事録作成の手間を省くこともできるので活用するのもオススメです。

9章

紹介をもらうための武器

伝えたくなる名刺

課題解決策を記載して紹介を生む

たくさんの商談を重ねていると、「今回は得るものがなかった」ということもあります。できるだけ無駄な商談をなくすためには、一つひとつの商談の質を高めなければなりません。

そのための方法として「紹介を得る」というものがあります。

そのとき「伝えたくなる名刺」を活用すると、相手に覚えてもらいやすく、かつ紹介を得やすくなります。伝えたくなる名刺というのは、**相手の課題を捉えている名刺**のことであり、それが紹介を誘発してくれます。

名刺は、会社から支給されたものをそのまま使っている人が大半です。独立・起業した人であれば、自由にカスタマイズできるのですが、自分ができることをただ羅列しているケースがよく見られます。

しかしそれでは、単なる自己表現に過ぎません。「いろいろなことができるんですね」「多趣味なんですね」で終わってしまいます。そうではなく、**相手の課題を捉え、ソリューション（解決策）につながる内容を記載する**ことが大事です。

名刺の記載事項がソリューションになっていれば、具体的な業務のイメージが湧くため、友人・知人にも紹介しやすくなります。誰かが求めていることと合致すれば、その場で紹介が生まれる可能性もあります。

■名刺に載せるキーワード

特に、BtoBではすべてがソリューション（解決策）であるべき

⬇

名刺のキーワードを「どんなときに相談に乗れるか」にする

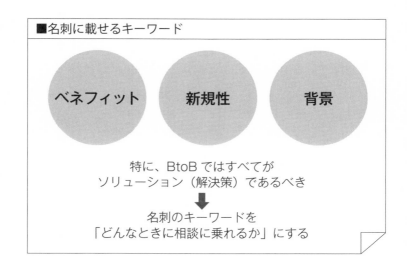

僕自身も、独立してからこれまで20回ほど名刺を変えてきました。最初は自分ができることをベースに記載していました。しかし紹介営業の本質を理解してからは、ソリューションベースの内容に切り替えています。

具体的には、**「どのような変化を与えることができるのか」「どのようなときに相談に乗れるのか」**を記載しています。自分が持っている知見やノウハウを提示し、ソリューションをイメージさせることが紹介を生むのです。

再び自己紹介URL

会う前に刷り込みをする

関係構築の基本は「3回会う」ことですが、紹介をもらうには、できるだけ多く会うことが基本となります。ちょっと挨拶しただけでは覚えてもらえませんし、1回会ったくらいではすぐに忘れられてしまいます。

しかし、紹介を得るために何回も会うのは大変なので、**擬似的に会う導線をつくる方法として、「自己紹介URL」を活用する**といいでしょう。自己紹介URLがあれば、実際に会う前に、すでに会っているような印象を与えられます。

つまり、実際に会ったときの回数が「1」になるのではなく、最初から「1・5」になるというイメージです。自己紹介URLを提示し、事前に見てもらうだけで、初対面の段階からすでにプラスの効果が得られます。

もちろん、自己紹介URLがあるだけで、そこから次々に紹介を受けられるわけではありません。そのURLが拡散し、次から次へと紹介を生むというケースはまれだと思います。使い方としてはやはり、刷り込みが基本となるでしょう。

刷り込みとは、**自分を紹介してくれる人に対して、自分に関する情報を刷り込んでおく**ということです。簡単につくれる自己紹介URLを用意し、送付するだけでも、一定の効果が期待できます。

用意するURLは、ひとつあれば十分です。複数のページを用意している人もいますが、「YouTube はこちら」「Twitter はこちら」「Instagram はこちら」などとしても見てもらえないでしょうから、集約してしまって構いません。

送付される相手にしても、複数のページがあるよりは、ひとつにまとめられていたほうが助かります。情報が分散されていると、閲覧するだけでも大変ですし、見てもらいたい情報に到達できない可能性もあります。

ビジネスは「伝言ゲーム」です。内容と相手の動作の2つを委ねるとコントロールが効きません。内容をひとつのURLに統一してあげることで、相手の選定をコントロールできます。

オンラインで示せる実績

ウェブメディアへ寄稿する

紹介をもらう際に提示する情報として、「オンラインで示せる実績」があると便利です。オンラインで示せる実績とは、**インターネット上で閲覧できるもの**のことですが、それがあると、権威につながる実績が容易に示せます。

そもそも紹介というのは、その人から社外の人に紹介される場合だけでなく、社内から社内の人に紹介されることもあります。つまりA社からB社にではなく、A社の担当者から上長、あるいは社長に紹介されて決議されることも多くあります。

そのように、社内で紹介される場合も、一定の権威付けがあると紹介しやすくなります。そのときに、本や新聞などのメディアではなく、オンラインで見られる**「ウェブメディア」**などの記事があれば、その場で共有できます。

自己紹介URLと同様に、オンラインメディアに掲載された実績があれば、そのURLを共有することで実績を示せます。自らの実績や経歴を示せるウェブ記事があれば、それを送付し、自分を知ってもらう武器として活用しましょう。

一昔前には、新聞記事や写真を切り抜き、オフィスに飾っている人もいました。しかし、新聞記事を飾っているだけでは効果が薄いですし、送付する場合も時間や手間がかかります。また、記事があまりに古いと効果が弱いでしょう。

その点、大手メディアのウェブ記事などであれば、手っ取り早く権威付けすることが可能です。内容が共有しやすく、イメージとしても悪くないので、その記事が紹介を生んでくれることもあるでしょう。

今は、必ずしもお互いのオフィスを訪問するわけではありません。そのため、新聞記事を飾るよりも、ウェブ記事を送付して閲覧してもらったほうが、紹介を受けやすいのは当然です。また**拡散力**もあります。

そのような記事が検索にひっかかることで、思わぬところから紹介を得られることもあるでしょう。自分からPRするのではなく、他者からの評価を見てもらうという意味でも、オンラインで示せる実績は有力です。

人的ネットワークの検索

FacebookやEightで狙いを定める

紹介営業のポイントとして、**「誰を紹介してほしいのかを明確にする」**というものがあります。「いい人がいたら紹介してください」のような伝え方だと、どのような人を望んでいるのかわからず、結果的に紹介を受けられません。

そうではなく、**「○○さんを紹介してほしいんです」**という言い方ができれば、一分の一の提案することができます。その結果、「いい人がいれば」のような社交辞令ではなく、実際の紹介につながりやすくなります。

本来、紹介営業というのは、相手の困っていることを解決するためにあります。たとえば「営業成績が伸び悩んでいる」という悩みがあれば、「○○さんという優秀な営業マンを知っています」と紹介することで、相手の悩みが解消されます。

そう考えると、「いい人がいたら」というだけでは、求めているような紹介が生まれないのも当然。どのような悩みがあるのかわからず、また具体的なイメージも湧かないため、「紹介を受けられたらラッキー」くらいの効果しか生まないのです。

そのように運頼みにすることなく、人を紹介してもらいたいのなら、特定の人を名指しするようにしてください。**自分が紹介される場合も、名指ししてもらえるような経歴と実績、そして人脈づくりが欠かせません。**

現代は、Facebook や Eight などのツールによって、自らの人脈を容易に検索できるようになりました。そのため、人と人とのつながりが可視化され、アクセスしたい人にアクセスできます。

そうした仕組みがある以上、どのような人を紹介してほしいのかを特定できなければ、紹介を受けられなくても仕方ありません。また、自分を紹介してもらう場合も、幅広い人的ネットワークに食い込んでいることが求められます。

人的ネットワークが容易に検索できるようになった今、Facebook や Eight などのツールを活用しつつ、よりよい紹介を獲得できるようになりましょう。

書籍

権威付けのツールを準備する

人を紹介してもらうときに、「書籍」を出版している実績があると非常に強力です。そもそも紹介は、紹介者に負担をかけることになるため、紹介するだけの価値があることを示せるものをこちらから提供することが大事です。

そのためのツールとして、書籍は最もわかりやすいと思います。僕の場合であれば、「福山さんという人がいて、こういう経歴で、こういう実績があり、こういう方面で活躍しており、こういうビジョンがある」ということが書籍で伝えられます。

普通に紹介されるだけでは、「そういえば野球をやっていましたね」「元サイバーエージェントですね」「教育関係に興味があるのですね」くらいしか覚えてもらえません。他の事柄も含めて、すべてわかってもらうことは難しいことです。

営業活動と同じように、紹介もまた**「伝言ゲーム」**と同じです。自分のことを覚えてもらい、それを別の人に伝えられてこそ、紹介が発生しやすくなります。その点、より**インパクトが強ければ強いほど有利**なのは間違いありません。

有名人や著名人でない以上、自然に紹介が生まれるということはありません。紹介を得るためには何らかのツールが必要なのですが、ビジネスで大きな効力を発揮するのは、やはり書籍ではないでしょうか。

ただ、書籍を出版するのはそう簡単ではありません。そこで、小冊子などに自分の実績をまとめておくのもひとつの方法です。紙媒体ではなく、紹介動画などを作成しておくのもいいでしょう。

要するに、**自分の実績や経歴を十分に伝えられるようなコンテンツ**があれば、それで問題ありません。ビジネスの場合は、これまで書籍や小冊子が有力でしたが、最近では動画によって伝えられることも増えています。

また権威付けということで言えば、テレビやラジオ、新聞などのマスメディアも活用できます。どのような媒体が相手に刺さるのかを考え、可能な限り自らのイメージを高める権威付けを活用しましょう。

10章

強い気持ちをキープするための武器

熱い言葉

自己を啓発するツールを持つ

営業マンとして強い気持ちをキープするためには、普段から「熱い言葉」に触れていることが大切です。僕は、**Twitterのボット（bot）を利用して、気になる名言や自分を奮い立たせる言葉に触れられる機会をつくっています。**

あらかじめTwitterボットを設定しておけば、タイムラインを見るたびに、熱い言葉が飛び込んできます。

たとえば、「会社が変わっても、商品が変わっても、あなたが変化し続ける限り絶対受注は成功する」「言い訳をすると成長が止まる」「他人の目を気にするから夢を変えることに抵抗がある。誰のための夢なのか？」「自信を失ったら営業は終わり」などの言葉です。

このように、自分が「いいな」と思った言葉をTwitterボットで配信すれば、Twitterを見るたびにそれらの言葉が出てきます。壁紙にしてもいいのですが、見たい言葉がたくさんある場合は、やはりTwitterのほうが便利でしょう。

以前は、僕はそのような言葉をノートに書いて記録していました。しかし、書いているうちに量が増え続け、やがて追いつかなくなってしまったのです。そこでEvernoteに入れつつ、Twitterのボットで配信できるようにしました。

Twitterボットでは、入力した順番に言葉が投稿されていきます。Twitterを見ると、必ずそれらの言葉が出てくるため、**やがて洗脳されていきます。**10年以上続けていますが、僕の**潜在意識には多くの言葉が確実に刷り込まれている**はずです。

ボットというと難しく思われるかもしれませんが、無料で使えるツールがたくさんありますので、使いやすいものをチョイスして実装してみるといいでしょう。

もちろん物理的な方法でも構いません。トイレの壁に貼っておく、スマートフォンの壁紙にするなど、自分がよく目にするところに熱い言葉を配置し、強い気持ちをキープしましょう。

子どもの写真

「この子のために未来をつくる」という気合い

お子さんがいる人は、「子どもの写真」を見ることで強い気持ちをキープすることができるでしょう。僕もそうですが、**「子どもに誇れる仕事をしたい！」**と考えている人であれば、子どもの写真が勇気を与えてくれるはずです。

これまで僕は、スマートフォンの壁紙に数字の目標を掲げていました。しかし子どもが生まれてからは、子どもの写真を壁紙にしています。写真を見るたびに**「この子のために未来をつくるんだ」**「今日も頑張ろう！」と思えるからです。

朝早く家を出て、夜遅く帰ってくる人は、子どもに会えないこともあるでしょう。スマートフォンの壁紙にしておけばいつでも顔を見られますし、それでやる気が出るのなら、モチベーション管理に最適です。

スマートフォンを立ち上げるたびに子どもの顔を見て、「この子のために未来をつくるんだ」と刷り込んでいけば、脳や魂にその言葉が刻まれます。視覚を通して、そのような仕組みをつくっているのです。

スマートフォンや携帯電話がまだ普及していないときは、デスクに子どもの写真を飾っていた人もいたかと思います。効果は同じですが、今は、常にデスクで仕事をしているとは限らず、目にする日も限られてしまいます。

一方でスマートフォンであれば、仕事のときはもちろん、プライベートのときでも目にします。見る機会が多ければ多いほど、刷り込み効果は高くなりますし、記憶にも定着するでしょう。しかも、自然なかたちで刷り込まれていくのです。

子どもではなく、両親など大切な人の画像を入れておくのでも構いません。**自分のモチベーションが上がり、やる気が出るもの**なら何でも構いません。大切なのは、それを見るたびに原点に立ち戻るということです。

仕事をしていると、つい弱気になってしまうこともあると思います。そんなときの自分だけの対策を持っておきましょう。

自分との約束（目標）

目で見て脳を動かす

熱い言葉や子どもの写真以外にも、「自分との約束（目標）」でモチベーションをキープすることも可能です。自分がやろうとしていることに対し、**「なぜそれをやるのか？」という理由を言葉にして、それに向き合い続ける**のです。

結局のところ、人は自分との約束があるからこそ、モチベーションやバイタリティをキープできます。自分との約束は更新されていくものなのですが、僕の場合「学問をつくる」を掲げて、現段階ではそれが自分との約束になっています。

約束の達成に向けて「何をやるべきなのか？」「この順番で正しいのか？」ということを日々、自問自答しています。自分との約束に向き合いながら、実現のために、日々の行動を繰り返しているのです。

自分との約束を守っていると「自信」が得られます。他人との約束を守ることで得られるのは「信頼関係」ですが、自分との約束を守ることで自分自身と信頼関係が築けるようになり、それが自信につながります。

自分で立てた約束を守りながら、更新されていく約束をさらに守っていくと、自信が増幅されて目標達成できる自分になれます。そのようにして自らを成長させられる人は、営業マンとしても大きな成果を残せるはずです。

特に最初のうちは、守れる範囲の約束を設定するようにしてください。自分との約束は熱い気持ちをつくるためのファーストステップになるため、難しくて守れないものより、守れる約束を自分に仕掛けることが大切です。

簡単にできるものとして、「今日は筋トレをやる」「今日は1冊本を読む」などでも構いません。あるいはさらにハードルを下げて、「本を買う」などでもいいのです。自分ができることを見極めつつ、約束を定めて守っていきましょう。

定めた目標を達成する習慣が自信へとつながり、より高い目標を達成できる自己成長を生む。その中で、熱い気持ちも養われていきます。

悔しかったときの写真

目にすることで自分を奮い立たせる

臥薪嘗胆《がしんしょうたん》（復讐を成功させるために苦労に耐えるという意味の中国の故事）の現代版として、「悔しかったときの写真」を使う方法があります。臥薪嘗胆とは、悔しい気持ちを忘れないために、薪を枕にして寝づらいところで寝て、苦い肝をなめながら復讐の気持ちを胸に刻むという行為です。

しかし現代人が薪を枕にしても寝不足で疲れるだけですし、肝をなめても意味はありません。それよりも、悔しかったときの写真を見返していれば、その当時の気持ちをいつでも思い出せます。大切なのは、悔しさを忘れないということです。

この方法で奮起できるかどうかは人によりますが、少なくとも、**誰もが悔しかった思い出をひとつやふたつは持っているはず**です。仕事だけでなく、スポーツや勉強、男女関係など、生々しい感覚ほど悔しさとして記憶されているでしょう。

その悔しかったときの情景を写真で残しておくか、もしくはブログなどに書いておけば、臥薪嘗胆の代わりになります。それを見続けることが強い気持ちをキープしてくれるのです。


強い気持ちをキープするための道具として、「視覚がいいのか聴覚がいいのか」という選択もありますが、少なくとも、何もないところから「強い気持ちを意識する」のは難しいことです。「この気持ちを忘れません」と言うのは簡単ですが、持続するのは容易ではありません。

誰もが強い気持ちをキープできるなら、ビジネスで成功するのも難しくないはずです。しかし、それができる人は限られているのが実情です。そこで何らかのツールを使って、強い気持ちをキープできればそれでいいのです。

やろうと思っていること、悔しいと思っていることを、ぜひ目に見えるところに掲げてください。意識に頼るのではなく、「見える化」してしまいましょう。目にするところに悔しかったときの写真があれば、いつでも自分を奮い立たせられます。

モチベーションムービー

やる気を出すトリガー

Twitterのボットやスマホの壁紙以外に、YouTubeを活用して強い気持ちをキープする方法もあります。具体的には、YouTubeの中からモチベーションが上がる動画を見つけて、いつでも見られるよう保存しておくのです。

動画の中には、モチベーションを高めてくれるものがたくさんあります。たとえば、ラグビーのニュージーランド代表が行なっている「ハカ（試合前の踊り）」やボクサーの入場シーンなど、テンションを高めてくれるものを選びましょう。

その動画を見るたびに気持ちを高められるのであれば、いつでも自分にスイッチを入れられるようになります。

自分で自分のスイッチを押すのは、相当難しいことです。誰しも、やる気が出ない、モチベーションが上がらないときはあります。そのようなとき、トリガーとしての動画を用意しておけば、いつでも自分で自分を奮起させられるのです。

YouTubeの動画などは、手っ取り早くてわかりやすいですが、人によっては本を読むことによってモチベーションを上げられる人もいるでしょう。動画や本に限らず、自分なりのツールを持つようにしてください。

どんなツールを使うにしても、自分で自分のスイッチを押せれば問題ありません。もっと言えば、ツールに頼ることなくモチベーションを高められれば、それに越したことはないのです。ただ、それは難しいでしょう。

うまくいかないことが続いたり、大きな失敗をしてしまったりしたときは、一時的に気持ちがダウンしてしまうものです。そのようなときに、自分で自分のスイッチを押すのは難しいでしょう。

そこで、自分の意志や根性に頼るのではなく、**自分なりのトリガーを用意しておくこと**。いつでもモチベーションムービーを見られるようにしておけば、たとえ落ち込んだときでも、気力を振り絞ることができます。

おわりに

「営業力ではなく、武器を持て」。これが本書の結論です。

時代を超え、業種・業界の壁を超え、これからの時代をサバイブするための武器です。本を読むだけでは営業力は身につきません。自分を奮い立たせるきっかけにはなれど、営業力を高めるには、相応の時間を要します。しかし、本書を手にしているあなたは、手っ取り早く結果がほしいはずです。先人が味わった苦労を、あなたは繰り返してはなりません。

約10年間、営業の最前線で走り続けてきた僕が、今もなお研究し続けている最先端の営業エッセンスを1冊にまとめました。営業は苦手なままで大丈夫です。

かつてのトップ営業マンたちは今、オンライン商談に苦戦しています。しかし、いつまでもオンライン商談が主流とは限りません。一方で、今も昔もやり方を変えずに顧客を増やし続ける営業マンも存在します。

僕が師と仰ぐプルデンシャル生命保険のトップセールスの方です。僕自身もその方の営業を受けたことがあります。彼の武器は、金融に関する圧倒的な知識量です。約40年、金融業に軸足を置き、証券会社出身で、保険会社では25年連続してトップの成績を収めています。顧客層も老若男女問わず、あらゆるお金の相談にのっている背景もあり、偏った思想もなく、誰にでもわかりやすく金融を教えることができます。つまり、知識量もまた、武器となり得るということです。

営業力とは属人性です。テックタッチで実現できるのは販売業務です。誰もECサイトに「営業してもらった」とは思わないと思います。限りなく増え続けるパラメーターを捉え、顧客の感情をリアルタイムで感じ取り、最適な言葉を紡ぎ出すことは、今のAIにはできません。

本書で紹介した武器をひとつでも活用すれば、営業力に自信がなくても、着実に成果を上げていくことができます。

僕はこれまで、さまざまな現場で営業に携わる人々を見てきました。その中で、個人的なスキルや才能に頼ることなく、組織全体として好成績を上げている企業では、必ずと言っていいほど武器が活用されていることに気づきました。

営業力が高いと評判の不動産会社で、戸建住宅の営業を1ヶ月間やらせていただいたことがあります。CMのイメージとは裏腹に、現場は非常に殺気立っていました。つい数分前までお客様に最高の笑顔で対応していたかと思うと、執務室に戻るなり鋭い目つきで、「次行こう、彼らは買うことができない」と切り替える姿にプロフェッショナルを感じました。
毎日毎時間、成約決定のメールが飛び交い、毎週１００棟以上の成約が生まれ、隣の席の営業マンが「決まりです！」と大声で報告をするのを見て、「僕も売れるんじゃないか」という根拠のない自信と、「僕だけ売れなかったらどうしよう」という恐怖感で、お腹が痛かった思い出があります。

結果的に、僕は5件の申し込みを預かることができました。不動産営業の初心者である僕は、その会社において間違いなく営業力はありませんでした。しかし、初月から結果を出すことができました。

その月のトップは10棟の契約を決めていました。その営業マンは入社わずか2年目の方でした。後日、インタビューをさせてもらいました。

「売り方と対象顧客は決まっている。僕はその通りやっているだけ。他社では通用しない」

多少の謙遜もあったかと思いますが、事実、僕も会社のマニュアル通り動いただけでした。その会社の新人たちも、経験値によらず一定の結果を出していました。一方、退職・転職後に他社でトップセールスをやっている方はあまり聞きません。

会社としての営業力は高い一方で、個としての営業力は蓄積されていない。マーケティングを会社に依存し、個としてのコンテンツセールス力が発揮できていない結果として起きている事象です。後日、社長に話を聞いてみると、戦略的にそうしているということでした。事実、業績拡大を継続しており、会社経営の観点で芸術的な人事組織戦略だと感じました。

転職が当たり前の今、組織が個人を縛ることが難しい時代です。労働人口が減少する中、この国の経済規模を拡大しようとすると、副業・兼業は必須です。

その時に問われるのは、個人としての力量です。実力とはクローズドスキルです。結果を出したか否かではなく、再現性のある成果を出せるか否かです。

つまり、営業の武器とは自分自身なのです。

武器としての自分をいかに研ぎ澄ませるか。最終的にはそこにたどり着きます。

武器としての自分を磨くには、より大きな面白い仕事に出会うことが必要です。面白い仕事はできる人の元に集まります。

変化の早い時代、若手であっても、経験が浅くても、これまでの人生で成功体験が乏しくても、逆転のチャンスがたくさんやってきます。キャリアの成功をショートカットして実現するための武器をひとつでもマスターしてほしいと願います。

チャンスを待つのはリスクです。年功序列型の組織の場合、自分の番が来たタイミングでルールが変わることも十分考えられます。

最後に、本書の企画を一緒に考え、出版に至るまでの最後の最後までご尽力くださった同文舘出版の津川さんには心から感謝いたします。

2021年　9月吉日

福山敦士

著者略歴

福山敦士（ふくやま　あつし）

営業コンサルタント

新卒でサイバーエージェントに入社。１年目からグループ会社（株式会社 CA Beat）の起ち上げに参画。飛び込み営業、テレアポ業務から、企画提案、納品業務まで一気通貫で従事するものの事業は立ち行かず、本社にとっての営業の武器をつくるべく、重点を商品開発に切り替え、管轄新人賞を受賞。25 歳でグループ会社（株式会社シロク）の取締役営業本部長に就任。エンタープライズ顧客開拓に従事。自身の属人性の高い営業手法を仕組み化する。

27 歳で独立起業。複数事業を起ち上げ、４度の M&A を実行。東証一部上場企業の株式会社ショーケースへの M&A 時には、取締役 COO に就任。組織改革、採用育成、人事制度再設計、企業買収、新規事業開発などに従事。2020 年、ギグセールス株式会社取締役就任。

「学問をつくる」活動の一環として慶應義塾高校はじめ、各種教育機関にて講座開発を務める。学生時代は16年間野球ひと筋。高校では甲子園ベスト 8。著書多数（累計 10 万部超）。二児のパパ。

HP　https://fukuyama.monster/
Twitter　https://twitter.com/2980a24t
Facebook　https://www.facebook.com/fukuyama.atsushi

Twitter

営業は武器がすべて
誰でも結果が出せる 82 のアイテム

2021 年 9 月 23 日　初版発行

著　者 —— 福山敦士

発行者 —— 中島治久

発行所 —— 同文舘出版株式会社

東京都千代田区神田神保町 1-41　〒 101-0051
電話　営業 03（3294）1801　編集 03（3294）1802
振替 00100-8-42935
http://www.dobunkan.co.jp/

ISBN978-4-495-54093-7

印刷／製本：三美印刷

Printed in Japan 2021